Wolfgang Büscher macht den Traum seiner Kindheit wahr. Er zieht in den Wald und erlebt dort Frühjahr, Sommer, Herbst. Ein Fürstenhaus an der hessisch-westfälischen Grenze, wo Büscher aufwuchs, überlässt ihm eine Jagdhütte – mitten im Wald, mitten in Deutschland. Hier schlägt er sein Feldbett auf. Kein Strom, kein fließend Wasser. Er richtet sich auf eine stille Zeit ein, auf Holzhacken und Feuermachen, eine Jagd ab und zu, eine Wanderung, ein Schützenfest, auf radikale Einsamkeit und eine Schwärze der Nächte, die in der Stadt unbekannt ist. Das Jahr wird ungeahnt dramatisch, Sturm, Hitze und Käferplage bringen den halben Wald um. Und noch etwas ändert alles. Büschers Mutter stirbt in diesem Sommer, das Haus, in dem er aufwuchs, ist nun leer, aber voller Erinnerungen. Eine Heimkehr, existenzieller als erwartet.

Wolfgang Büscher, geboren 1951 bei Kassel, ist Schriftsteller und Autor der «Welt». «Er hat der Reiseliteratur», wie es im «Deutschlandfunk» hieß, «zu neuem Glanz verholfen.» Zu seinen Veröffentlichungen zählen neben «Heimkehr» (2020) «Berlin–Moskau» (2003), «Deutschland, eine Reise» (2005), «Hartland» (2011) und «Ein Frühling in Jerusalem» (2014). Für sein Werk wurde Wolfgang Büscher vielfach ausgezeichnet, unter anderem mit dem Kurt-Tucholsky-Preis, dem Johann-Gottfried-Seume-Literaturpreis und dem Ludwig-Börne-Preis.

Wolfgang Büscher

HEIMKEHR

Rowohlt Taschenbuch Verlag

Veröffentlicht im Rowohlt Taschenbuch Verlag,
Hamburg, November 2021

Covergestaltung zero-media.net, München,
nach einem Entwurf von Anzinger und Rasp, München
Coverabbildung CTRd / iStock
Satz aus der Berthold Baskerville
bei Pinkuin Satz und Datentechnik, Berlin
Druck und Bindung CPI books GmbH, Leck, Germany
ISBN 978-3-499-00274-8

Die Rowohlt Verlage haben sich zu einer nachhaltigen Buchproduktion verpflichtet. Gemeinsam mit unseren Partnern und Lieferanten setzen wir uns für eine klimaneutrale Buchproduktion ein, die den Erwerb von Klimazertifikaten zur Kompensation des CO_2-Ausstoßes einschließt.
www.klimaneutralerverlag.de

FSC
www.fsc.org
MIX
Papier aus verantwortungsvollen Quellen
FSC® C083411

HEIMKEHR

Für Elise und Anna Marie

DER JUNGE

Noch einmal ging ich durchs Haus, es war nun bald leer. Noch einmal die vertrauten Räume, die große Küche, in der sich das Leben abgespielt hatte, die Zimmer nach Westen, die unten, die in der oberen Etage, der Blick weit ins Land, auf Wälder und Hügel, ein Zimmer war meins gewesen vor langer Zeit. Ich sah das Haus, wie ich es nie hatte sehen wollen, entkleidet, die Dielen, die Wände nackt. Wo die Bilder gehangen hatten: dunkle Rahmen aus Staub.

Eines hing noch. Junge mit Seitenscheitel, volle Lippen, voller Blick, pures Schauen, ohne jenes Lächeln, das fotografierten Kindern sonst abverlangt wird – das Porträt eines Achtjährigen im ärmellosen Pullover, selbstgestrickt von der Mutter vermutlich, die Träger der Lederhose liefen ihm straff über die Schultern, als sollten sie ihn zusammenhalten, den schmalen Kerl. Dieser Blick hielt mich an, hielt mich fest, er galt mir, wem sonst. Niemand mehr hier, nur er und ich.

Das Haus, von dem ich Abschied nahm, hatte, als ich ein Junge war, am äußersten Rand des Ortes gelegen, gleich hinterm Gartentor begannen die Felder, dahinter die Wälder und hinter ihnen die schöngestaffelten blauen Hügelketten im Westen, in die abends die Sonne sank. Wir waren Halbfreie. Die Schule war abzuleisten, was wir danach taten, unsere Sache. Und kam die große Einöde der Sommerferien, waren wir ganz und gar Freie. Streiften umher, wo niemand uns störte, rauchten im Busch, verbrachten die Tage in Rohbauten künftiger Häuser, ständig wurde gebaut, oft gingen wir in den Wald. Einmal nachts in völliger Finsternis, eine Mutprobe, ging ich wirklich voran? In der Erinnerung, ja. In der Erinnerung wird alles gut.

Wir lagen im Krieg mit dem Förster, wir bauten uns Hütten in seinem Revier, er entdeckte sie und befahl seinen Waldarbeitern, sie einzureißen. Meist trieben wir uns im Zigeunerwäldchen herum, schon des Namens wegen. Gern hätten wir die schaurige Geschichte gehört, die sich dort gewiss zugetragen hatte, aber es gab keine, kein Lebender konnte sich daran erinnern, wahrscheinlich hieß der Kiefernwald so, weil hier irgendwann eine fahrende Sippe gelagert hatte. Nicht vor der Dämmerung kehrten wir heim, spürten nun erst, wie hungrig wir waren, und machten uns über das Abendbrot her, das schon gewartet hatte. Fragte jemand, was wir getrieben hätten den ganzen Tag, sagten wir, nichts Besonderes.

Wir verschwendeten die Zeit, die sich an uns verschwendete, und sie gab generös. Langeweile war das Fluidum, die Nährlösung, in der wir lebten. Es dehnten sich die Tage, die Nachmittage, die Sonntage zur langen Weile, es dehnten sich die Sommer, die Winter. Wenn das Fernsehen zeigte, wie weiter südlich schon die Kirschen und Magnolien blühten, schlurfte bei uns noch der Alte über die hartgefrorenen Äcker, der Frost. Kann ich begreiflich machen, dass es kein schlechtes Leben war? Ich ahnte, dies hier würde enden, etwas wartete am Horizont meiner stillen Welt, dort ging es schneller zu, lauter, eines Tages würde ich dort sein, und natürlich pochte das Herz, dachte ich daran.

An einem weißen, windstillen Wintertag sah ich auf der Dorfstraße Rauchsäulen aus den Schornsteinen steigen und reglos himmelwärts stehen – ein Rauchsäulenwald, das rote Licht der tiefstehenden Sonne verfing sich darin, und mir war, als schaute ich mich im Fortgehen um und sähe das alles zum letzten Mal. Oder ich lag in einem Heuhaufen an einem Junitag, roch das staubig erhitzte Gras, sah die Wolke sich absondern, sah sie treiben, sich vor die Sonne schieben und ihren Schatten über die Wiesen laufen, sprang auf und rannte dem Wolkenschatten hinterher.

Dachte ich zurück, und wohin sonst hätte ich denken sollen beim Gang durch das Haus, kam mir diese Kindheit unfassbar frei vor. Erwachsene störten uns nicht, sie arbeiteten viel und lebten in ihrer Sphäre, so wie wir in der unsrigen. Zwei Banden gab es, die sich bekriegten, ich gehörte der kleineren an, mehr als drei waren wir selten. Drei Waldhütten bauten wir. Die erste sollte so werden wie die in den Abenteuerromanen, die wir lasen, es galt, die Blockhütten und Palisadenzäune zu verteidigen.

Bei einem unserer Streifzüge im Wald fanden wir eines Tages geschlagene Kiefernbäumchen, dünn wie Jungenarme, viele davon, herrliches Baumaterial für einen Palisadenzaun, die Hütte dahinter würden wir später zimmern. Wir besorgten uns eine Axt, es war nicht schwer, Werkzeug gab es überall im Ort. Nun konnten wir die Bäumchen entasten und auf Länge hacken. Gegen Abend stand unsere Palisade drei, vier Schritte lang. Bevor wir heimgingen, stopften wir noch Moos in die Ritzen, wie in den Romanen. Als wir wiederkamen, fanden wir unser Tagwerk zerstört. Der Förster war es gewesen oder ein Waldarbeiter, den er geschickt hatte. Er selbst passte uns ab und drohte uns mit Strafe, sollten wir es wieder tun.

Wir beschlossen, höher zu bauen, so hoch, dass niemand herankäme außer uns, die wir klettern konnten. Wir fanden vier Bäume, exakt im Karree stehend, ließen irgendwo Hämmer und Nägel mitgehen und bauten erst einmal die Plattform, so hoch, dass auch der längste Waldarbeiter sie nicht zu erreichen vermochte, vier stärkere Äste als Rahmen, aus den dünnen nagelten wir den Boden. Die Arbeit ging gut voran, am Abend war die Plattform fertig, und sogar ein Stück Knüppelwand hatten wir hochgenagelt. Stolzer noch als auf die Palisade gingen wir heim, so echt sie ausgesehen hatte mit den moosverstopften Ritzen, das hier, sagten wir uns, ist die anspruchsvollere Konstruktion.

Hochgestimmt erreichten wir tags darauf unsere Waldbaustelle, und abermals hatte der Feind alles zerstört – unser Sternenhaus in den Kiefern gab es nicht mehr. Aber wenn der geglaubt hatte, wir würden nun aufgeben, kannte er uns schlecht. Wir gingen in den Untergrund und bauten unter der Erde. Spaten waren rasch besorgt, wir gruben ein Loch, groß und tief genug, dass wir drei darin hocken konnten, aber wir pfuschten beim Dach. Es war die erste Waldhütte, die wir fertig bauten, das feierten wir mit einem Lied, das uns der Lehrer beigebracht hatte. Die erste Strophe war noch nicht fertig gesungen, aus grauer Städte Mauern, da brach das Dach über uns ein. Wir wühlten uns aus Astwerk, Erde und Laub und wussten, es war die letzte Hütte gewesen. Einen Moment noch standen wir um das Grab unseres Traums herum, wortlos, beklommen, ahnend, dass etwas endete und etwas Neues begann, das uns fortführen und wandeln würde. Dann verließen die drei den Wald, und jeder lief in sein Leben hinaus, auch der Junge an der Wand, der mich unverwandt ansah.

Wenn er nach einem langen Sommertag heimkam und, an der Küche vorbei, bin gleich da rufend die Treppe hinaufsprang, um vom höchsten Fenster aus zuzusehen, wie sein Tag sich in den schöngestaffelten blauen Hügeln im Westen verlor, dann durfte ihn niemand stören. Er sah der Sonne zu, wie sie den halben Himmel in Brand setzte, bloß weil sie gleich für ein paar Stunden verschwinden würde. Hingerissen folgte er dem lodernden Adieu, aber das Beste kam ganz zuletzt – immer rascher sank der Sonnenball dem Horizont entgegen, jetzt dotzte er auf, so hart schien der Aufprall zu sein, dass es den Ball quetschte und die Sonne fast platzte. Dann flutschte sie weg, und das war's gewesen.

Nun ergraute das Licht, und die Welt wurde um Grade kälter, nichts warf einen Schatten mehr. Und wenn ich fortgehe, wenn ich ihr folge – dorthin, wo sie jetzt leuchtet? Ein Ziehen ging durch ihn in diesen geheimen Minuten am Fenster, ein Stromschlag, sacht, aber erregend genug. Ihn erwartete er Abend für Abend, oft kam er und irgendwann nicht mehr. Er hatte genug gesehen von dem, was kam. Er stieg die Treppe hinunter, es war Abendbrotzeit.

Auch ich riss mich los. Weit fort war ich gewesen und stand noch immer vor dem Bild. Ich nahm es ab, nahm es an mich, verließ das beinahe leere Haus, zog die Tür hinter mir zu, die erste, durch die ich im Leben gegangen war, und kehrte in den Wald zurück, in die Jagdhütte, in die ich gezogen war, an einem Tag, noch winterkalt und schon gleißend hell. Vielleicht würde ich das Bild in die Hütte hängen.

AM FEUER

Vom Haus her nahm ich den alten Weg westwärts, ich hätte ihn blind gefunden, aus dem Gartentor und die Straße hinab, links das Zigeunerwäldchen, darüber nun die hohe Autobahnbrücke, sie machte den Wald unserer Abenteuer noch kleiner, als es das ernüchternde Wiedersehen ohnehin tat. Rechts der schwarze Stein mit dem schönen Wappen, die Grenze des Fürstentums, dann die Serpentine hinab. Drüber der Burgberg, in der Ruine hatten wir die Nacht nach dem Abitur durchgemacht, links das Kruzifix in den Feldern, dann das Städtchen, in dem ich zur Welt gekommen war, jetzt war es nicht mehr weit in die Residenzstadt.

Und dann unversehens das Fürstenschloss, wieder ein Staunen, eine Erscheinung. Nichts kündigte es an, nicht erhöht lag es, von weit her sichtbar, vielmehr tiefer als seine Umgebung. Ich bog um die letzte Kurve, und obwohl ich es doch von Kindheit an kannte, war es, als risse jemand ein Leintuch von der Welt, und vor mir stand jäh dieses prachtvolle Schloss.

Dann endlich der Wald, in dem die Jagdhütte lag.

Das Wetter schlug um. Nebel zog auf, als ich mich dem Wald näherte, erst dünn wie Gaze über den Feldern, später dichter. Ich erreichte die Jagdhütte in der einsetzenden Dämmerung, suchte Reisig und Späne zusammen unter den hohen Buchen, die die Hütte umstanden, holte Holzscheite, stopfte etwas Papier dazwischen und machte Feuer, nicht drinnen – draußen am Feuerplatz unter dem Freidach. Dort saß ich wie jeden Abend und sah dem Tag zu, wie er ging, heute dem Nebel, dem alten Magier, wie er die Welt um mich her verschwinden ließ. Erst nahm er den Waldweg, der dicht an der Hütte vorüberlief, ins weiße Ungefähre. Dann die Wildwiese, auf die ich frühmorgens schaute beim ersten Schluck Kaffee vom Gaskocher und abends beim letzten Schluck Wein aus demselben Emaillebecher. Nun war der ganze Wald unsichtbar geworden.

Wir rückten zusammen, die Jagdhütte, die elefantenhäutigen Buchen, die sie umstanden, und ich. Der Nebel zeigte sich aufgelegt für ein besonderes Kunststück. Alles ließ er verschwinden, was aber Moos trug, machte er leuchten. Moosige Baumstämme, dick moosbewachsene Dächer, grünliche Hüttenwände – das alles leuchtete jetzt aus der milchigen Dämmerung in einem unwirklichen Hypergrün. Das Dach saß als Leuchthut auf der Hütte, die Buchen ringsum schimmerten. Geräusche kamen aus dem Nebel, ein Knacken dürrer Äste, ein Huschen am Waldboden, manchmal war mir, als beobachte mich jemand, den Mann am Feuer unterm giftgrün schimmernden Riesenpilz.

Bei Lichte betrachtet, handelte es sich um das offene Dach über dem Feuerplatz, ein roh gezimmertes Oktogon auf acht dünnen Baumstämmen mit einem Rauchabzugsloch in der Mitte, aber viel Licht gab es nicht mehr. Es war die Zeit, wenn der Wald still wird. Er ist nie ganz still, und doch ist da dieser Moment, wenn der Letzte, der jetzt noch hier ist, genau dies spürt, überdeutlich – eben noch Leben, Trubel, Fest, und mit einem Mal ist das alles fort, und aus dem Dunkel schauen aller Augen auf dich. Das Abendlied der Waldvögel in den Baumkronen erstarb, die Nacht übernahm den Wald nun ganz. Nur noch ein Getröpfel von Nebelschwaden war zu hören, ein Rascheln im Laub dann und wann. Sie machten die Stille noch stiller. Mein Feuer brannte nieder, ich ging neue Buchenscheite holen, in mehreren Reihen waren sie vor der Jagdhütte gestapelt; ein letztes Mal, wenn sie heruntergebrannt wären, wollte ich hineingehen und mich schlafen legen.

Wieder ein Geräusch, als ich mich umwandte, saß der Junge am Feuer, den Stock in der Hand, damit stocherte er in der Glut. Der Seitenscheitel, die Lederhose, der volle Blick. Ich wischte mir übers Gesicht, fort war er.

NACHT

Der Ofen war lange aus, ich lag wach und horchte hinaus in eine Schwärze, die in der großen Stadt unbekannt ist. Die rief mir ihre Fragen nach, ihren Spott, und eine schlagfertige Antwort fiel mir nicht ein. Eines Tages war er da gewesen, der Entschluss, das hier zu tun, und ich hatte es getan. Das war alles, mehr wusste ich nicht. Wüsste ich mehr, wäre ich jetzt nicht hier. Wir bedenken und begründen die kleinen Dinge, die großen nicht, die tun wir eines Tages, wenn es niemand erwartet, nicht einmal wir selbst. Ich stand auf, an Schlaf war nicht zu denken, stieß das Scheunentor auf, nahm den Besen und fegte die Funken, die mein Ofen sprühte, hinaus in die Kälte, die Fragen auch.

Ein paar Minuten, und ich war so verfroren, dass ich das Tor wieder schloss und zurück ins Feldbett unter die viel zu dünne Decke kroch. Eben wollte ich wegdämmern, da wischte etwas über die Scheibe, ein Zweig, sagte ich mir, die große Buche wiegt sich im Nachtwind, ihr tiefhängender Ast streicht übers Fenster. Wieder lag ich hellwach, horchte hinaus, und wirklich, ein Nachtwind kam auf und warf, was er auflas, gegen die Hütte. Hartes Laub vom letzten Herbst, Käferlarven vom Fenstersims. Jetzt begannen die kältesten Stunden der Nacht. Für sie hatte ich die dicken Holzscheite, für Nächte wie diese, in denen der Winter noch einmal zurückkehrt. Abermals stand ich auf, schob neue Scheite in den Eisenofen, hoffend, dass die Glut bis gegen Morgen vorhielt. Dem Palaver des Feuers zu lauschen, den kleinen Detonationen im Holz ab und zu, das Lodern und Flackern hinter der rußigen Ofenscheibe zu sehen, den schwachen Widerschein auf den rohen, staubigen Dielen, und darüber einzuschlafen, war eine schöne Vorstellung.

Doch als die Glut leiser und leiser murmelte und mit einem letzten Zischen verstummte, als die vollkommene Stille eintrat, die nach Mitternacht, als es immer eisiger wurde und ich auf meinem Feldbett keine verschlungene Position mehr fand, um etwas wie Wärme zu simulieren, da hatte der Winter gewonnen. Kein Widerstand mehr, er wehte durch alle Ritzen herein, davon gab es genug in den Wänden, im Boden, im Dach. Wieder aufstehen, den Ofen neu anblasen, Reisig hineinstopfen, Papier darunter, Holzscheite, ausgesucht schmale, um die junge Flamme nicht zu ersticken, bis sie bereit war für einen tüchtigen Klotz, das hätte ich tun müssen; aber auch mein neues Feuer wäre bald verglüht gewesen, es sei denn, ich wäre aufgeblieben und hätte es über die ganze Nacht versorgt, dazu war ich zu müde, der Ofen blieb aus.

Ich zog alles an, was ich bei mir hatte, Jacke, Hose, Pullover, schlug, was sonst da war, Handtuch, Feldbettsack und eine schmutzstarrende alte Decke, die ich irgendwo fand, über die meine, vielleicht schliefe ich doch irgendwann ein. Wie ich aber so dalag, eingerollt wie ein Embryo, kamen Gedanken herbei, nicht die aus der Stadt, die aus dem Wald. Hier liegst du nun allein und frierst erbärmlich auf deinem zugigen Lager. Mitternacht ist vorüber, eine Stunde zu Fuß zum Forsthaus, zwei ins Residenzstädtchen. Siehst die Hand vor Augen nicht, horchst hinaus. Hättest du doch dein Feldbett in der verschließbaren Jagdhütte aufgeschlagen, aber es musste die andere sein, die sie Scheune nennen und deren Tor man von innen bloß zuziehen, aber nicht zusperren kann. Hörst du den Nachtwind, wie er daran zerrt? Hörst du das Scheunentor in den Angeln flattern? Jeden Augenblick kann der Wind es weit aufreißen, wie er's auch tagsüber tut – was tritt dann ein? Sei dir nicht gar so sicher, dass es ein Zweig war, was an dein Fenster schlug. Jetzt schnitt ein Schrei in die Nacht, hell, klagend, lauter und dringender als alles, was um die Hütte, in ihr und auf ihr vor sich hin wehte und schlich. All das war emsig und ganz bei sich und seinen nächtlichen Jagden, all das meinte mich nicht, es waren Scheunenbewohner mit älteren Rechten, kleine Räuber, gleichgültig gegen den Gast auf dem Feldbett. Aber der Schrei meinte einen, vielleicht meinte er mich. Es zu glauben, war nicht abwegig in dieser Nacht. Ich griff neben mich ins Dunkel, fand Messer und Handlampe und sogar das Bestimmungsbuch. Ein Daumendruck, die Klinge klappte auf und rastete ein, sie war scharf. Mit der Messerspitze blätterte ich im Lampenschein durch die Waldvogelarten, beim Kauz hielt ich inne. Er musste es sein, dieser helle, kündende Schrei. Ein paarmal noch hörte ich ihn, immer ferner, dann nicht mehr.

Wie ich die Stunden zwischen dem Kauzruf und dem ersten Vorschein der Morgendämmerung herumbrachte, weiß ich nicht, nur dass sie vergingen. Irgendwann sah ich etwas Helles in der Schwärze der Scheune, ein graues Quadrat hob sich heraus, ein Fenster nach Osten zu. Ich döste ein, und als ich wieder hinsah, füllte eine abstrakte Grafik aus Wintergeäst den Rahmen, dann endlich Farben. Ein zartes Rot glühte auf, es tagte, die Nacht war vorüber.

Gleich am Morgen trug ich einen großen Vorrat Feuerholz in die Scheune und versorgte mich mit wärmeren Decken, aber die Tage und auch die Nächte wurden milder, der Winter machte sich davon, schneller als gedacht. Noch trauten die Buchen dem Frühlingsversprechen nicht, die Knospen zögerten in ihren kleinen braunen Spindeln. Der Tag war nicht mehr fern, an dem sie platzten. Dann würde meine Hütte verschwinden in der Frühlingscamouflage.

DIE HÜTTE

Dass ich hier sein durfte, verdankte ich reiner Generosität. Im Herbst hatte ich von der Hütte gehört – eine Jagdhütte mitten im Wald, mitten im Land, mitten in der Welt, in die ich geboren worden, in der ich aufgewachsen war in einer anderen Zeit. Sie ging mir nicht aus dem Kopf, die Vorstellung, dort eine Zeit zu verbringen, vielleicht Frühjahr, Sommer und Herbst. Die Hütte gehörte, wie die Wälder, in denen sie stand, einem seit neunhundert Jahren ansässigen Fürstenhaus, die ersten achthundert Jahre lang hatte es sein nicht eben großes, nicht eben reiches und eher bäuerliches Land regiert. Seine Macht und den allergrößten Teil seiner Wälder, Güter und Ländereien hatte es hergeben müssen, nachdem der letzte deutsche Kaiser nach Holland geflohen und die Republik ausgerufen worden war, auch seine Schlösser verlor es. In einem aber lebte die Fürstenfamilie noch, das hatte man ihr damals zugestanden, im prächtigsten von allen, dem Residenzschloss.

Ein Freund war mit dem Erbprinzen bekannt, einem jungen Mann, dem sein Vater vor kurzem die Leitung der Forstwirtschaft und der Familiendinge übertragen hatte, er bot an, uns bekanntzumachen. Noch im selben Herbst ging ich ins Schloss, um meinen, zugegeben, etwas seltsamen Wunsch vorzutragen. Der Erbprinz wunderte sich darüber nicht groß, und tat er es doch, überspielte er es gut. Er schien aber nicht sicher zu sein, ob sich der Gast aus der Großstadt nicht zu viel zutraue – ein komfortverwöhnter Mensch in einer einsamen Hütte im Wald. Die Jagdhütte seiner Familie, erklärte er mir, sei wirklich eine solche und werde allein bei Jagden genutzt, immer nur wenige Tage lang. Für einen längeren Aufenthalt, gar über Monate, sei die Hütte weder eingerichtet noch jemals gedacht gewesen.

Eben dies aber war mein Wunsch. Er beschrieb mir, was mich dort draußen erwarte. Alles äußerst schlicht, kein fließendes Wasser, kein elektrisches Licht, überhaupt kein Strom. Latrine. Er sah mich forschend an, und ich sah ihm an, dass er seine Zweifel hatte. Ich sagte, schließlich wolle ich nicht den Winter dort verbringen und mit Feldbett und Gaskocher werde ich schon zurechtkommen. Eine Sache sei da noch, schloss er, ein paarmal würde ich die Hütte räumen müssen wegen der Jagdgesellschaften, zu denen er einlud. Im Mai, wenn die Jagd auf den Rehbock beginne, kämen erst die jungen Jäger, Prinzen der Familie und ihre Freunde. In den Wochen darauf folgten die Älteren. Und an einem Wochenende im Frühsommer würde sich, wie in jedem Jahr, die ganze verzweigte Fürstenfamilie bei der Jagdhütte einfinden, dann seien alle lebenden Generationen im Wald versammelt. Die Jagd war eine alte Passion der Familie, und sie lebte fort.

Sind Sie Jäger? Das würde ich noch oft gefragt werden in diesem Sommer. Ich war es nicht. Meine Antwort wurde jedes Mal wortlos quittiert, mit einem Nicken – und mit einem leisen Bedauern, das sich auf mich übertrug. So wie man jemanden fragt, waren Sie jemals am Meer, und der Gefragte verneint und ahnt im selben Moment, dass er die Welt nicht recht kennt und ihm womöglich etwas fehlt zu seinem Glück.

Der Erbprinz stellte mir noch ein, zwei Fragen nach meiner Arbeit und meinen Absichten, dann verabschiedeten wir uns. Er versprach, sich bald zu melden. Einige Tage später lud er mich ohne weitere Umstände ein, nächstes Jahr in die Jagdhütte seiner Familie zu ziehen, und verwies mich an denjenigen seiner Förster, in dessen Revier die Hütte lag.

Als ich zum ersten Mal hinging, sah ich sie schon von weitem im lichten Winterwald, und es gefiel mir nicht, so sichtbar zu sein, so ausgestellt, so hatte ich mir meine Wald-Eremitage nicht vorgestellt. Die Enttäuschung verflog, als ich die Hütte erreichte. Ich kannte das, Orte haben immer schon eine starke Reaktion bei mir ausgelöst, entweder sie stoßen mich ab, oder sie ziehen mich an. Ich öffnete das Tor im Staketenzaun, stand im Hof, und es war gut. Wer immer den Zaun aus halbierten Stämmchen gebaut hatte, er hatte einen Sinn für Späße und für Kinder. Gleich drei Tore hatte er hineingezimmert – ein hohes Tor für die Großen, bekrönt mit einem verwitternden Hirschgeweih, ein niedriges mit einem Rehbockschädel im Zenit für Kleine und eines für ganz Kleine und für die Hunde.

Die Jagdhütte war hübsch anzusehen mit ihren drei aus dem Wald herausleuchtenden weißen Sprossenfenstern. Außer ihr gab es die Scheune und den überdachten Feuerplatz, alle drei lagen etwa im Halbkreis um den Hof, der nichts weiter war als plattgetretener schwarzer Waldboden. Hohe Buchen beschirmten das alles, zwölf zählte ich, die mächtigste stand mitten im Hof. Ihre tiefhängenden Zweige umfingen das Dach der Hütte. Verschwenderisch hatte sie Bucheckern geworfen im Herbst, zu Tausenden lagen sie auf der nackten Erde. Ihren nussig-süßen Geschmack kannte ich gut, bei unseren Waldstreifzügen hatten wir ihre Schalen mit den Fingernägeln aufgeknackt und die Kerne gegessen. Gelang es auch nur einem kleinen Teil von ihnen, sich hier zu verwurzeln, würde es von sattgrünen Keimlingen bald nur so wimmeln in meinem Hof. Meinem Hof? Er gehörte mir nicht, so wenig wie die Hütte. Das war gleichgültig, ich war hier, wirklich hier, das war das gute, starke Empfinden, das sich eingestellt hatte, sobald ich durchs Tor gegangen war – ich war hier, und wenn nicht Herr der Hütte, so doch Herr meiner Zeit in ihr. Wasser und das Nötigste musste ich herbeischaffen, sonst konnte ich tun und lassen, wonach mir der Sinn stand.

Als ich dann auf der Bank vor der Jagdhütte saß, einer dicken, in vielen Sommern und Wintern verwitterten Bohle, aus einem Baumstamm geschnitten, war ich nicht allein. Der Alte, zu dem ich mich setzte, stellte sich vor, in schlichten Reimen.

Ich bin der Wald, ich bin uralt.
Ich hege den Hirsch und das Reh,
Schütz Euch vor Sturm und vor Schnee.
Ich wehre dem Frost und wahre die Quelle,
Bin immer zur Stelle.

Ich bau Euch das Haus, heiz Euch den Herd,
Darum, Ihr Menschen, haltet mich wert.

Der Sinnspruch hing in einem Holzrahmen neben der Hüttentür, und so viel war klar: ein Romantiker, wie es ihm manche andichteten, war der Uralte nicht. Er raunte mir keine Waldweisheiten zu, wollte nicht als höheres Wesen verehrt oder endlich als Mensch wie du und ich anerkannt werden – und schon gar nicht als Bruder Baum umarmt, das hätte er albern gefunden. Er zählte auf, was er uns Menschen zu bieten hatte. Mein Hirsch, mein Wasser, meine Luft, mein Holz. Ein wenig Respekt, das war alles.

Hier sein, wirklich hier, dieses Gefühl erfüllte die ersten Tage. Am Abend würde ich Feuer machen, mich ausstrecken unter den Sternen, einen Arm unterm Kopf, und dem Nachtwind lauschen, allein in meiner Hütte. Ich war nicht mehr einer, der in den Wald geht, ich würde einer aus dem Wald sein.

Ein Auto näherte sich. Der Förster kam, und mir gefiel der Gedanke, jetzt hast du eine Hütte im Wald und endlich den Förster auf deiner Seite. Er brachte Wasserkanister mit, fragte, ob mir sonst etwas fehle, und riet mir zur Scheune. Die Jagdhütte sei schattig und klamm um diese Jahreszeit, aber die Scheune, nach Süden gelegen, kriege viel Sonne ab, sie habe größere Fenster und den tüchtigeren Ofen, ihn werde ich schätzen lernen.

Ich folgte seinem Rat. So anheimelnd die Jagdhütte mit ihrem überstehenden, moosbepelzten Spitzdach wirkte, ich blieb erst einmal in der Scheune. Ihre eine Hälfte war ein offener Schuppen, in dem weiteres Brennholz und Werkzeug lagerte; früher hatte man hier das erlegte Wild aufgebrochen, ein Gestell dafür stand noch da, die Holzschale blutig verfärbt. In der geschlossenen Hälfte der Scheune machte ich Quartier. Ich setzte mein Vertrauen in den Eisenofen, trotz des völlig durchgerosteten Ofenrohrs. Das Nötigste war rasch ausgepackt. Feldbett und Decke, Handlampe, Feldstecher, Gaskocher, dazu Ersatzkartuschen und Batterien, etwas Kleidung, Rasierzeug, Schreibzeug, Feuerzeug, das Messer, Wasservorräte, Kaffee, ein paar Konserven. Kerzen fand ich reichlich und eine Kiste Bier, zurückgelassen von der letzten Jagdgesellschaft.

Auch mit der Jagdhütte versuchte ich es, mit ihrem anspruchsvolleren und zierlicheren Ofen. Unter ihrem Vordach fand ich reichlich Feuerholz, in drei Reihen hintereinandergestapelt, klein genug gehackt für ihn. Denn er war gar kein Ofen, er war ein Küchenherd. Ich erkannte ihn sofort wieder, er hatte in der Küche gestanden, in der das Abendbrot auf mich wartete, an dem ich vorbeirannte, die Treppe hinauf – ein unerwartetes Wiedersehen mit dem Hausgenossen aus Eisen, Jahrzehnte später, im Wald.

Er war es tatsächlich, nur als Miniatur, verglichen mit dem großen in unserer Küche. Sonst stimmte alles. Die schwellenden Formen, die Haustiertatzen, auch war er ganz in weiße Emaille gekleidet. Die drei Klappen, die obere zum Feuerfach, die mittlere für Luft, die untere für die Asche. Und der Backofen. Warm schmeckte der Kuchen daraus am besten. Nicht einmal das Heißwasserschiff fehlte, silbrig ankerte es auf der gusseisernen Herdplatte. Winterbilder stiegen herauf. Es wurde darauf geachtet, dass das Schiff bis an den Rand gefüllt und immer heißes Wasser vorrätig war. Das wurde an Wintertagen in eine Wanne gegossen, mit kaltem Wasser gemischt, und dann setzte die Mutter das verfrorene Kind hinein, mitten in der großen Küche. Lange erlebte ich ihn nicht mehr, ein moderner Herd kam ins Haus, der weiße Freund wurde in den Keller verbannt, in die Waschküche, wo die Frauen im Sommer Marmelade kochten.

Eine Mutprobe war, aus seiner Herdplatte die glühenden Eisenringe zu angeln. Denn einer der runden Eisendeckel in ihr war gar keiner, er bestand aus vier, fünf ineinandergefügten Ringen. Es ging darum, sie mit dem Schürhaken herauszuheben, einen glühenden Ring nach dem anderen. Wem einer vom Haken fiel, der zog sich leicht eine Brandwunde zu. Wer es schaffte, sah ins offene Herdfeuer. Der uns Kindern etwas unheimliche schwarze Schürhaken hatte an der dünnen, silbrigen Reling gehangen, die den Herd umlief, da fand er sich auch hier in der Hütte. Wir bekamen den Haken nicht mehr zu spüren, aber die Drohung, er werde zur Hand genommen, sollten wir etwas wirklich Schlimmes ausgefressen haben, hing noch in der Küchenluft.

Der kleine Bruder unseres Ofens heizte die Jagdhütte zwar erstaunlich schnell auf, aber bei seinem niedlichen Feuerfach hätte ich alle Viertelstunde extra kleingehacktes Brennholz nachlegen müssen, um das Feuer am Leben und die Hütte über Stunden warm zu halten oder gar über Nacht. Sie bestand aus einem einzigen Raum, darin ein Tisch, lang genug für Jagdgesellschaften, Stühle, eine Bank und ein ausrangierter Küchenschrank aus den sechziger Jahren. An der Wand ein paar alte Schießscheiben, mit Jagdmotiven bemalt, von gut gezielten Schüssen durchsiebt. Porzellanteller, bunt gemischt, stapelten sich, es gab Biergläser, teils gefüllt mit Besteck, Ketchup, Pappteller, Grillgabeln, Schnäpse, Aschenbecher, zwei, drei Kisten Bier – eine Männerwirtschaft. Dazu allerhand nützlicher Krimskrams, um es ein paar Tage auszuhalten. Vorräte an Feuerzeugen, Spielkarten, Kerzen, Öllampen.

Bevor der Förster fuhr, machte ich doch noch eine Bemerkung über die allzu gute Sichtbarkeit der Hütte. Er sah mich belustigt an. «Keine Sorge, kein Mensch geht in den Wald.» Er wisse schon, in den Städten sei die Natur sehr in Mode, aber das habe nichts zu bedeuten, der Wald sei menschenleer, jedenfalls seiner. Er habe keine Rundwege für Sonntagsspaziergänger zu bieten, zu bewältigen in zwanzig Minuten. Nicht bedauernd sagte er das, eher wie einer, der sein Revier so eingerichtet hat, wie es ihm gefällt.

«Und der da?» Hart an der Hütte lief ein Wanderweg vorüber, mit einem weißen Kreuz bezeichnet, er trug sogar einen Namen, den des Bonifatius. Der englische Mönch, ein auffallend hochgewachsener Mann soll er gewesen sein, war vom christlich-fränkischen Süden her in die Wälder der Heiden gezogen, hatte im Schutz fränkischer Krieger eine dem Donar geweihte Kulteiche gefällt und aus ihrem Holz seinem Herrn eine Kapelle gebaut, die erste im freien Germanien. Das war tausenddreihundert Jahre her und lag doch ganz nah. Hier war das geschehen, in diesen Wäldern, zwei Tagesmärsche von meiner Hütte entfernt, und den Weg an ihr vorbei soll der heilige Bonifatius mit der Axt genommen haben. Und fünfzig Jahre nach ihm kam Karl der Große und ließ die Irminsul umhauen, das Heiligtum der heidnischen Sachsen. Der Berg, auf dem das geschah, lag noch näher an meiner Hütte als die Donareiche – zwei, drei Stunden zu Fuß, und ich war da. Ja, es ist einiges los gewesen in der Gegend, wenn auch lange her.

Der Förster winkte ab. Fünfundzwanzig Jahre sei er jetzt hier, in dieser Zeit habe er ein einziges Mal ein oder zwei Pilger den Bonifatiusweg gehen sehen und sei nicht einmal sicher, ob es Pilger waren. «Nein, Sie treffen hier nicht auf Menschen, Sie werden die schönste Einsamkeit finden, die man sich nur wünschen kann.» Dann pfiff er Elsa aus dem Unterholz, seine dreibeinige Hündin, hob sie auf die Ladefläche des über und über schlammbespritzten Pick-ups und fuhr davon.

Gut, sagte ich mir, ein vergessener Pilgerweg, ein gemiedener Wald. Es soll dir recht sein, das Vergessen wird dich beschützen, es soll dein Patron sein, das Vergessen selbdritt – die Waldesunlust, die Herkunftsblässe, die Genügsamkeit im Ich und Jetzt.

DER FÖRSTER

Elsas Geschichte kannte ich seit dem ersten Besuch beim Förster im letzten Herbst. Ihn wollte ich so bald wie möglich aufsuchen, nachdem mir der Erbprinz die Hütte zugesagt hatte. Er lebte mit seiner Frau im Forsthaus hinter dem Wald, und dieser Hinterwald-eindruck stellte sich beinahe zwingend ein, denn der Weg zu ihm führte aus der Residenzstadt heraus und dann über eine einsame schmale Straße durch nichts als Wald, erst durch das Revier eines anderen Försters und dann durch seines. Als der große Wald sich schließlich lichtete und den Blick auf das roterdige Hügelland freigab an diesem sonnigen Oktobertag, der die Röte der gepflügten Äcker noch etwas röter färbte, sah ich, was mir beschrieben worden war – ein spitzgiebliges Haus am Hang, aus Stein und dunklem Holz erbaut, hineingeschmiegt in den Waldsaum, davor stand ein über und über schlammbespritzter Kleinwagen, im Vorübergehen bemerkte ich das Schild «Forstbetrieb» an der Windschutzscheibe.

An der Tür dieses Forsthauses schellte ich nun. Der Mann, der mir öffnete, gefiel mir sofort. Konnte es sein, ich war ihm nicht allein darum zugeteilt worden, weil die Hütte nun einmal in seinem Revier lag, sondern weil er war, der er war? Der letzte Förster, mit dem ich zu tun gehabt hatte, war der, der unsere Waldhütten zerstört und uns aus unserem Paradies vertrieben hatte. Unwillkürlich hatte ich mir diesen so ähnlich vorgestellt. Amtlicher. Fürstlicher Revierförster, so stand es doch auf dem Schild an seinem Haus.

Wenig davon entdeckte ich auf den ersten Blick an dem Mann, der mir die Hand gab und mich hereinbat. Auf amtliche Gesetztheit und äußere Zeichen seiner Autorität schien er keinen großen Wert zu legen. Ein Mann in seiner zweiten Lebenshälfte, ergraut, aber kraftvoll, wacher Blick und von einer energischen Freundlichkeit, wie sie Leuten eigen ist, die ihren Weg kennen, ihn beherzt gehen und nichts dagegen haben, wenn einer ihn eine Strecke mitgeht. Und dieser erste Eindruck täuschte mich nicht, so kam es.

Seinen Weg ging er in Waldarbeiterschuhen und geflickten Jeans, denen man ansah, dass er sie nicht schonte, seine Kleider nicht und sich selbst auch nicht, dass ihn dreckige Arbeit nicht schreckte, dass er mit anpackte. Und was den grauen Haarschopf und den Vollbart anging, schien er ähnlich unkompliziert zu denken – müssen ab und zu geschnitten werden. Ein Mann in seinem Element, so kam er mir vor, von Widrigkeiten nicht leicht zu beeindrucken. Er führte mich in die Küche, und als wir am Tisch saßen, sah ich die Hantel mit den rostigen Gewichten im Garten hinterm Haus liegen und dachte mir, ja, das passt.

Auch seine Jagdhunde sah ich im Garten, hinter einem besonderen Zaun, denn auch er war Jäger. So gut wie jeder hier draußen, der mit dem Wald zu tun hatte, jagte, sei es als dessen Herr oder als Förster, als Waldarbeiter, und viele aus den Dörfern der Gegend gingen ebenfalls auf die Jagd. Ein Förster, der nicht jagte, wäre eine Unmöglichkeit gewesen. Dafür zu sorgen, dass das Wild im Revier nicht überhandnahm, gehörte zu seinen Aufgaben. Außer den Jagdhunden gab es noch den Hund, der nicht eingesperrt war und jederzeit um den Förster herumsprang, Elsa. Ein Keiler habe sie am Bein erwischt, erzählte der Förster, und die Wunde verheilte nicht, trotz aller Verbände und Mühen blieb sie offen und das vierte Bein dem Tier eine nachgezogene Last. Eines Tages fehlte es. Die Hündin hatte sich selbst amputiert, sich das schlechte Bein abgebissen. «Seitdem springt sie wieder ganz fröhlich herum.» Der Förster lachte.

Nicht nur seine Jeans war geflickt, die Hemden und Joppen waren es auch. Bald würde ich ihn in seinem Revier erleben und verstehen, warum. Er war der Typus, der mit anpackte, egal, was es war. Und der seine Kleider auftrug – das hatte ich lange nicht mehr gesehen, eigentlich seit der Kindheit nicht, damals war das Flicken und Ausbessern der Kleidung üblich gewesen. Diese Gewohnheit aus einer Zeit, als Dinge zu wertvoll waren, auch die einfachen, um sie beim ersten kleinen Schaden wegzuwerfen, und man sie so lange wie möglich erhielt, hatte ich in der Stadt längst abgelegt. Er behielt sie bei, und sicher nicht aus Geldnot.

Das Leben hier draußen sei einfach, erklärte er mir – alles da, alles zur Hand, es koste ihn einen Anruf. Und wisse ihm der Angerufene nicht zu helfen, kenne der einen anderen, der habe oder könne, was er gerade brauche. Einen Generator plötzlich, einen Abschleppwagen, einen mit einer Werkstatt in der Garage, der ihm etwas Spezielles zuschneiden oder aufbohren oder bauen könne, was es auch sei, er könne sicher sein, so lange weitergereicht zu werden, bis er's habe.

Für seine strapazierte Kleidung lag Abhilfe noch viel näher. Seine Frau bessere ihm die Sachen aus, erklärte er mir, es falle ihr leicht als gelernter Modeschneiderin. Ach so? Der Mann verstand es, mich immer noch zu erstaunen, wenn ich schon dachte, der Vorrat an Erstaunlichem sei nun aber wirklich aufgebraucht. Lebte er denn im Paradies? Im hier draußen im Wald unbemerkt von der Welt wahrgewordenen Kommunismus – morgens Jäger, tagsüber Erfinder, abends Philosoph?

Sein Wissen über den Wald schien enorm, er sah zu, sich auf dem Stand der Forschung zu halten und neue Erkenntnisse, die ihm nützlich sein mochten, nicht zu versäumen. Ich musste ein Thema nur antippen und erhielt einen kleinen Fachvortrag, egal ob es sich um Baumbiologie handelte, um Jagdliches oder um die bronzezeitlichen Hügelgräber der Gegend. Und ich ging gern bei ihm in die Lehre. Er merkte es und zog ab und zu ein Buch hervor, das er mir gab. Ein Lehrbuch der Forstwirtschaft war darunter, und tatsächlich machte ich mich abends vor der Hütte darüber her, lernte ein wenig Photosynthese und Pflanzenwachstum, was ein Vorwald, was eine Naturverjüngung und was die Terminalknospe ist.

Dann wiederum erzählte er mir von den Highland Games, einem Männerspaß der rustikalen Art in den Dörfern hier draußen. Männer bildeten Clans und träten einmal im Jahr gegeneinander an. Mit ein paar

Freunden habe auch er einen Clan gegründet, in Kilts nähmen sie an den Spielen teil. Anfangs, erzählte er, hätten sie die Sache bluternst genommen und hart trainiert. Baumweitwurf und Seilziehen seien Disziplinen bei diesen Dorfspielen. In jenem Jahr hätten sie, obwohl Anfänger, den Wettbewerb gewonnen, inzwischen nähmen sie es eher von der spaßigen Seite. Und wieder ein andermal erwähnte er nebenher, er mache übrigens seit Jahren Yoga, und bekräftigte es, als er meine Verblüffung sah. Doch, doch, er möge es nicht missen und profitiere sehr davon.

Yoga und die Jagd, Baumweitwurf und die Forstwissenschaft, geflickte Hemden tragen und eine junge Dame aus der Modewelt ins Forsthaus heimführen – und sie? Hatte sie sich so ein Leben erträumt, einsam am Waldessaum, fern der nächsten Stadt? Sie sei hellauf entsetzt gewesen über den heruntergekommenen Zustand des Forsthauses, als sie es zum ersten Mal gesehen habe, erzählte ihr Mann. Es sei wohl zuvor vermietet und als Partybude genutzt worden. Das sah man ihm nicht mehr an. Es war ein helles, gastliches Haus geworden, ich nahm jede Einladung an und saß ebenso gern am Küchentisch wie abends auf der Terrasse mit Waldblick. Und nicht nur ich. Der Förster lud immer wieder Forsthelfer und Waldarbeiter mittags zu Tisch. Er habe seiner Frau damals versprochen, sagte er, es ihr angenehm hier zu machen. Er hatte sein Versprechen gehalten. Was er nicht ändern konnte und auch nicht wollte, war die Lage des Forsthauses fernab jener Welt, die von sich denkt, sie sei die wahre. Und noch etwas konnte er seiner Frau nicht ersparen. Dies war kein Leben, an dem man bloß nippen konnte, hier galt: ganz oder gar nicht. Und sie hatte es gewählt.

Unsere Kaffeebecher waren ausgetrunken, und der Revierförster saß nicht da wie einer, der vorhat, behaglich plaudernd den Tag hingehen zu lassen. Luis Trenker fiel mir ein, ein Interview mit ihm, das ich irgendwann einmal gesehen hatte, der Trenker hatte auch an so einem Tisch gesessen, und im Gedächtnis war mir nur dieser eine Satz: Dass er immerzu da 'nauf habe müssen, auf den Berg. So kam mir auch der Förster vor, als einer, der immerzu da 'nausmusste, in seinen Wald.

«Wollen wir eine kleine Tour durch den Busch machen?» Das Wort würde ich noch oft hören. Busch, so nannte er seinen Wald gern. Und es klang nicht spöttisch distanziert, es klang, wie man den Lieblingshund ruft. Busch war sein Kosename für den Wald. Wollen wir nochmal in den Busch, ich will da nach was sehen, haben Sie Zeit – die Frage hörte ich viele Male und hörte sie gern. Er liebte seinen Wald nicht für sich allein, er liebte es, ihn mir zu zeigen, und wenn ich meinte, nun dies und jenes Forstliche ein wenig zu kennen, wusste ich nach so einer Tour immer noch mehr. Haben Sie Zeit, geht schnell, halbe Stunde? Es wurden meist anderthalb.

Bei diesem ersten Besuch im Herbst fuhr der Förster noch eine seiner Billigkisten, er kaufte sie in den umliegenden Dörfern, robuste Kleinwagen, etwas rostig und heiser im Klang, noch ein paar Monate TÜV, und hatte er einen heruntergefahren, kaufte er sich einen neuen. In so ein Waldgefährt ließ er mich einsteigen, darin kachelten wir durchs herbstliche Revier, durch ein Farbfeuer aus Rot, Gelb, Braun, Immergrün, Modrigschwarz, Rost und Gold. Er kaufe die Autos für ein paar hundert und fahre sie, bis sie fertig seien. «Sind tüchtige kleine Dinger, die was aushalten.» Das mussten sie auch. Ein quer über dem Waldweg liegender Baumstamm nötigte ihn, runterzuschalten bei unserer Fahrt über glitschige Pisten, danach kriegte er den ersten Gang nicht mehr rein. «Ist die Kupplung dann doch mal im Eimer?» brummend, rührte er den Schaltknüppel wie die Kelle in der Kartoffelsuppe, kriegte den Gang schließlich rein und fuhr weiter, so wild wie zuvor, mit einem befriedigten Lächeln. «Geht doch.»

Jetzt hielt er an, zückte sein zerkratztes Handy und spielte mir ein Video vor. Der Förster inmitten einer Rotte aus mehreren Bachen und ihren Frischlingen, sie zeigten keine Scheu und liefen um ihn herum wie spielende Hunde. Das werde auch mir bald gelingen, versprach er. «Die müssen Sie nur ein-, zweimal riechen, dann gehören Sie dazu.» Meiner Adoption durch die Sauen schien also wenig im Wege zu stehen, ich war vaterlos aufgewachsen und sah ihr mit Interesse entgegen.

Das stärkste Wort, das ich je von ihm hörte, fiel gleich bei dieser ersten Tour, wir waren noch keine halbe Stunde unterwegs, als er sagte: «Für mich ist das hier das Paradies.» Er sagte es nicht, er gestand es mir und auch sich selbst, er hielt an für ein so starkes Wort. Ich kannte nicht viele Männer seines Alters, in denen die Begeisterung für das, was sie taten und ihr Leben lang getan hatten, so hell loderte. Vom ersten Moment an, sagte er, habe ihm dieser Wald gefallen, hier habe er Förster sein wollen, nirgendwo sonst.

In dem Revier, das er übernahm, das Paradies zu sehen, setzte Phantasie voraus. Eine kühne Idee davon, wie es sein könnte, aber nicht war. In Teilen hatte auch dieser Wald einer Holzplantage geglichen, das Übliche damals. Fichten in Reihen pflanzen, den Forstwirtschaftsbaum schlechthin, vielseitig verwendbar, rasch zu einträglicher Größe heranwachsend. Dann Kahlschlag. Den erntereifen Bestand komplett einschlagen, das abgeerntete Feld neu aufforsten, nach etwa fünfzig Jahren wieder Kahlschlag und so fort. Ältere Förster hätten ihm geraten, einfach so weiterzumachen, dann seien alle zufrieden und er habe Ruhe im Revier. «Ich sagte, das mache ich anders. Hätte man mich nicht gelassen, wäre ich wieder gegangen.»

SECHZIG SEKUNDEN

Ich dachte immer mal wieder an ihn, wenn ich abends am Feuer saß. Aus dem Alter war ich lange heraus, in dem jede interessante Begegnung dazu verleitet, den eigenen Weg infrage zu stellen und von ganz anderen Lebenspfaden zu träumen. So war es nicht. Und doch gab es ein paar Dinge und Menschen hier, einige Agenzien, die in mir zu wirken begannen, leise, nicht drängend, aber abends am Feuer war die Welt still genug, um ein leichtes Ziehen im Solarplexus zu bemerken. Die Frage, sind Sie Jäger, war so ein Agens, das allmählich Wirkung tat. Die Waldtouren, die Gespräche mit dem Förster waren ein anderes.

Die Hütte muss man sich nicht als esoterischen Ort denken. Sie mochte es sein, aus dem Sehnsuchtsblickwinkel eines Großstädters betrachtet, dem sein Dasein hart vorkommt und der nahe und doch ferne Wald als wirklichkeitsflüchtiges Idyll. Davon konnte keine Rede sein, dafür sorgten schon die Plagen und Gewalten, die dem Wald ans Leben gingen. Ich würde sie alle kennenlernen in diesem Sommer – der Wald, in den ich im Frühjahr zog, würde ein anderer sein, wenn ich ihn im Herbst wieder verließ.

Eine gute Woche bevor ich mich in der Jagdhütte einrichtete, hatte die erste der Plagen gewütet, der Sturm. Nichts, gar nichts hatte ich von ihm gehört in der Stadt, sie wusste nichts von dem, was hier draußen geschah. Hier aber drehte sich alles um diesen jüngsten Sturm, unüberhörbar. Ein Lärm war im Wald, aufheulend, kreischend, berstend. Früh war er da, wenn ich auf dem Feldbett erwachte, steif und verdreht auf meinem ungewohnt harten Lager – der Lärm war da, wenn ich mich unter freiem Himmel wusch, eine Handvoll kaltes Wasser aus dem Plastikkanister ins Gesicht, eine Handvoll in den Nacken, zwei über den Kopf – der Lärm war da, wenn ich mir fröstelnd Kaffee brühte auf dem Gaskocher und mir ein Stück Brot abschnitt, aus dem freihängenden Beutel am Nagel, dass die Mäuse nicht drangingen, und so blieb es den ganzen langen Tag – der Lärm war im Wald von frühmorgens bis tief in die Nacht.

Was da heulte, waren die Harvester, die riesigen Holzerntemaschinen, was da kreischte, war das unermüdliche Zersägen der Stämme, und was so knochenbrecherisch krachte und barst, war das unablässige Entasten. Es galt, den Wald aufzuräumen, das Sturmholz aus dem Chaos zu ziehen, es zu sägen, zu schälen, zu stapeln. Was in Jahrzehnten gewachsen war, lag drunter und drüber, die Verwüstung war spektakulär. Der Wald, den ich durchstreifte, früh im Tau, im flirrenden Mittagsstaub, in der Abendkühle, ich traf ihn elend an, übel zugerichtet vom Märzsturm. Mehr kletterte ich, als dass ich ging, übereinandergeworfene Stämme, so mutwillig, als habe ein Riese Mikado mit ihnen gespielt. Tausende, Zigtausende Bäume, samt Wurzeln aus der roten Erde gerupft, als seien es Halme. Der Sturm hatte Schneisen geschlagen, ganze Hänge gemäht, Hügelkuppen rasiert, Wüstungen hinterlassen von der Größe kleiner Dörfer. Wo eben noch Fichtendämmer geherrscht hatte, Waldewigkeit, da dorrte jetzt Totholz in schattenloser Weite. Armdicke Wurzeln, anklagend gegen den Himmel über dem Schlachtfeld gereckt wie Invalidenstümpfe, die feineren Wurzelfinger vergebens fuchtelnd gegen den azurblauen Hohn. Luftkriegsbilder stellten sich ein wie von selbst. So sah der Wald doch aus, wie nach einem Luftangriff, nur dass die Luft selbst den Angriff geführt hatte, nicht der Mensch. Nicht wie damals, als wir die Krater fanden im Wald, aus den Erzählungen der Älteren kannten wir die Ursache. Vom Angriff auf die nahegelegene Industriestadt zurückkehrende Bomber hatten, um leichteren Heimflug zu haben, über diesen Wäldern ausgeklinkt, was sie zuvor nicht abwerfen konnten. Zwanzig Jahre später entdeckten wir die Trichter im Waldboden bei unseren Streifzügen, gefüllt mit Laub und Astwerk und darum leicht zu übersehen. Wir erkannten sie, weil wir von ihnen wussten und an ihrer unnatürlich regelmäßigen Kegelgestalt, schlugen die Warnungen in den Wind, stiegen hinein, etwas unheimlich zumute war uns schon. Wir alle hatten von dem Jungen reden gehört, wenig älter als wir, der sein Leben in so einem Krater verloren hatte. Er hatte etwas darin berührt, das in die Luft ging.

Ich versuchte, mir die Gewalt des Sturms vorzustellen. Wie es wohl gewesen war, als er in den Wald fuhr. Ich fragte Forstleute und Waldarbeiter, ob sie so etwas einmal erlebt hätten. Alle verneinten. Wer bei einem aufziehenden Sturm im Wald bleibe, müsse nicht ganz bei Trost sein, keiner von ihnen hatte Lust, von einem ausgerissenen Baum erschlagen zu werden. Eine Ahnung von der Sturmgewalt gab mir die mächtige Fichte gleich bei meiner Hütte, samt Wurzeln hatte es sie aus der roten Erde gerissen und quer über den Waldweg geworfen. Fünfzig Meter maß sie wohl. Ihre massige Krone, abgeschnitten, wie sie dalag, löste eine Scheu aus, ihr ungeniert nahe zu treten und in die Zapfen zu greifen. In Bündeln hingen sie von der Krone herab, prall wie Kuckucksuhrzapfen – das zottig-wilde Haupt des Riesen, zu dem man sonst aufschaute, den Kopf im Nacken, da lag es im Staub. Man hatte die Krone abgesägt, um den Weg frei zu räumen, und den makellosen Stamm zur Seite gerückt. Doch so erhaben die Fichte noch im Tode wirkte, so erstaunlich schien, worauf sie ihr fünfzigjähriges Leben gegründet hatte – etwa so viele Jahresringe zählte ich. Auf plattem Fuße hatte der Riese gelebt, dem Sturm war es leichtgefallen, ihn aus der Erde zu rupfen und umzuwerfen. Wurzelteller, das forstliche Wort dafür, traf es gut. Auf einem Wurzelwerk, flach wie ein Teller, gebrannt aus roter Erde, hatte der Baum gestanden.

Ich lernte mein erstes Waldgesetz. Was flach wurzelt, holt der Sturm, was tief wurzelt, hält stand, meist jedenfalls. Ich lief durch einen Wald voll roterdiger Teller, der Förster warnte mich, ihnen nahe zu kommen, wenn gearbeitet werde. Die vier, fünf Meter hoch senkrecht aufklaffenden Wurzelteller standen unter Spannung, der gefallene Stamm hielt sie in ihrer unnatürlichen Lage fest. Wurde er abgesägt, klatschte der Wurzelblock zurück in sein schlammiges Erdloch. Wer nahe dabei stand, kriegte günstigenfalls eine Ladung Schlamm ab, und hatte er Pech, den derben Schlag einer Wurzel. Die Waldarbeiter witzelten, was alles oder auch wen man alles in so einem Schlammloch verschwinden lassen könne, für immer. Denn niemand würde ein vom Sturm ausgerissenes und wieder in sein Loch zurückgekipptes Wurzelungetüm je wieder aufklappen. Was darunter begraben war, blieb es.

So viele Wälder hatte der Sturm heimgesucht, so viele Länder, dass die Harvester knapp wurden. Trotzdem gelang es dem Förster, sechs dieser Riesenmaschinen in sein Revier zu holen. Überall tauchten sie auf, und nicht etwa auf Waldwegen – immer mitten im Forst. Selbst Steilhänge nahmen die Kolosse. Wie flink sie sich dort hocharbeiteten auf ihren mehr als mannshohen, kettenumspannten Reifen. Scheinbar mühelos brachen sie durch wegloses Dickicht, durch hüfttiefe Schlammschneisen. Ihr Anblick erinnerte an Urweltwesen, ihre ungefüge Gestalt an längst ausgestorbene Prototypen heutiger Tiere. Auf dem gedrungenen Unterkörper saß ein deutlich kleinerer Hirnkasten, die Kabine, aus ihr steuerte der Fahrer den überlangen Saurierhals mit dem gefährlich wendigen, bissigen Kopf, der sich in alle Richtungen warf. Jetzt schnappte sein Sägemessermaul eine neue Fünfzigmeterfichte. Ein zermalmendes Krachen, und sie war entastet. Der Stahlsaurier ließ den Stamm einmal quer durch sein Maul laufen, als nage er einem monströsen Knochen das Fleisch ab, dabei zerlegte er ihn in zentimeterexakte Portionen. Ruckelnd ging das vor sich, ein Stamm nach dem anderen wurde gehäutet und zerteilt. Manchmal saß ein Ast zu dick oder zu widerspenstig am Stamm, dann hatte das Messermaul seine Mühe. Es biss noch einmal zu, wütender nun, nahm einen neuen Anlauf. Am Ende kriegte es jeden Baum nackt und zerteilt. Dann beruhigte sich der Stahlsaurier, geradezu umsichtig nahm er die weißlich leuchtenden, von ihrer Borke befreiten Hölzer und legte sie ab zu den anderen, befriedigt, sofern ein Vieh aus Stahl befriedigt sein kann.

Auch zu den sturmgefällten Fichten bei meiner Hütte kam die Maschine. Ich ging hin und nahm die Zeit, mehrmals, denn ich konnte kaum glauben, was die Armbanduhr zeigte – wie schnell sie war. Sechzig Sekunden, mehr brauchte sie nicht, immer nur sechzig, selbst wenn der Sturm ihr nicht vorgearbeitet hatte und sie eine Fichte erst fällen musste, bevor sie sie entastete und zerlegte. Sechzig Sekunden, und aus dem fünfzigjährigen Baum mit allem, was zu ihm gehörte, Stamm, Wurzelstock, Äste, Krone, war ein Stapel Holz geworden, fürs Sägewerk hinterm Wald bestimmt, oder, auf Containermaß geschnitten, elf Meter fünfzig, für den Seeweg nach China. Das Reich hinter der Steppe, hinter den höchsten Bergen, es hungerte immer nach Holz.

DIE WALDGÄNGER

In den Wald gehen, ein Wort aus der Kindheit. Es hieß entweder Holz machen, also aus dem Kronenholz, das die Forstleute liegen ließen, weil es zu dünn und zu krumm war für die Sägewerke, Feuerholz für den Winter zu schlagen. Oder es hieß, im Wald zu arbeiten. Meine Mutter hatte das als sehr junge Frau ein paarmal getan, um sich etwas Geld zu verdienen, sie sprach später genauso darüber: Damals bin ich in den Wald gegangen. Mit der Zeit verstand ich, wie anders im Wald gesprochen wurde als da, wo ich herkam, in der Stadt. Er färbte ab auf die, die hineingingen.

Der erste dieser Waldgänger, den ich traf, war der Friseur. Ein älterer Mann, nicht groß, drahtige Erscheinung, fester, ja harter Händedruck für einen so zarten Beruf. Eine einzige kleine Extravaganz gestattete er sich, das freistehende Kinnbärtchen. Jeden Nachmittag fuhr er in seinem robusten, aus den Teilen mehrerer Autos zusammengeschraubten Geländewagen in den Wald. Der war seine Passion, als junger Mann schon, er wäre gern Förster geworden, aber das gutgehende väterliche Geschäft zu übernehmen, ging vor. Er kam jeden Tag in den Wald, um die Sauen zu füttern. Ein knappes Dutzend Futterplätze hatte der Förster angelegt, dort standen Maiskisten, gut gesichert mit schweren Deckeln, der Friseur fuhr sie alle ab, daneben lagen mit Ketten an einem Stamm oder einer Wurzel befestigte Fässer, die füllte er mit Mais. Eine Erfindung des Försters. Sie hatten nur wenige kleine Löcher, die gelehrigen Wildschweine begriffen sofort, dass sie sie rollen mussten, um an den Mais zu kommen. Das taten sie eifrig, und so waren sie Stunden damit beschäftigt, sie so lange hin und her zu stoßen, bis das letzte Maiskorn herausgeholt war, was ihnen immer gelang. Nie fand ich ein Fass, in dem noch irgendetwas rasselte, wenn ich es drehte. In dieser Zeit blieben sie den Feldern fern und richteten keinen Schaden an. Die Fütterungen dienten dem Frieden mit den Bauern, deren Felder nahe am Wald lagen, aber auch der Jagd – man hielt eine ansehnliche Zahl von Sauen im Wald, ohne die Bauern zu erzürnen, und man gewöhnte sie das Jahr über an die Orte, an denen es Mais gab, das erleichterte die großen Herbstjagden.

Ab und zu machte ich die Fütterungstouren mit und half dem Friseur, die Fässer zu füllen, vor allem aber unterhielt ich mich gern mit ihm. Es waren keine ausschweifenden Gespräche, nicht was man in der Stadt «Wir haben lange geredet» nennt. Man redete nicht lange im Wald, und selbst wenn man einmal lange beisammenstand, blieben es kurze Wortwechsel, knappe Erzählungen, unterbrochen von Schweigen. Unsere erste Begegnung verlief so:

Er, aus seinem Geländewagen steigend, den Neuling im Wald musternd:

«Soll kalt werden, hab ich gehört.»

«Hab ich auch gehört.»

«Was machen Sie eigentlich hier?»

«Ich bin eine Weile in der Jagdhütte zu Gast. Und Sie?»

«Ich füttere hier die Wildschweine. Ich hatte mal einen Trupp, so um die fünfundzwanzig, die waren ganz zahm, die Leitbachen konnte ich anfassen, die kamen und schubberten sich an mir. Die hat's auf der letzten Jagd leider erwischt.»

Er war viel gereist. Patagonien, Nepal, Kanada. Von seinen Reisen kamen wir auf Reiseliteratur zu sprechen, der Mann, der die Sauen fütterte und Nistkästen für Eulen im Wald aufhängte, offenbarte sich als passionierter Leser. Es machte ihm Freude, mit mir über seine oder meine Lektüren zu sprechen. Es war dann wie früher im Schulbus beim Autoquartett. Wir reizten mit Namen und Ländern. Eine Zeitlang, sagte er, sei er alle sechs Wochen nach Kapstadt geflogen. Dann fiel der erste Satz des Afrikaromans: «Ich hatte eine Freundin in Südafrika.» Und ich dachte: «Am Fuße der Ngongberge.» Und dann sagte er: «Von einem habe ich alles gelesen, Hamsun, kennen Sie den? Ich hatte eine richtige Hamsun-Phase.» Weitere Namen fielen, sogar eine Autorin wie Alexandra David-Néel hatte er gelesen, die als feministische Rebellin und Anarchistin begann und später durch Tibet und die Wüste Gobi zog und im Himalaya als Einsiedlerin lebte.

Der Förster hatte solche wie ihn an sich gezogen. Seine Leute hatte er nicht mitgerechnet, als er mir gesagt hatte, der Wald sei menschenleer, niemand gehe hinein – diese hier gehörten dazu. Arbeit gab es genug im Wald, und Leute, die gern in den Wald gingen, auch. Aber es war nicht nur praktisch, eine solche Helfertruppe zu haben, er hatte sie auch gern um sich. Jederzeit hatte er ein Wort für sie, er behandelte sie nicht anders als seine Waldarbeiter, die zwei, die von Hand fällten, was die Maschinen nicht schafften, oder die Männer, die die Harvester lenkten. Eine einsame Arbeit, von früh bis in die Nacht allein in der Kabine, im Lärm.

Traf der Förster einen auf seinen Touren, dann kletterte der Mann aus seiner Kabine, und es begann ein Gespräch, das oft stockte, aber lange nicht endete. Nach einer halben Stunde nicht und danach auch nicht, und trat eine Pause ein, schien es keinen von beiden zu stören. Man ließ dann eine Weile den Blick schweifen, bis sich irgendwo im Wald oder im Geist ein neuer Gesprächsgegenstand fand. Er fand sich immer. Es konnte der Rotmilan sein, der dort in den Fichten nistete und auf den der Mann den Förster nun aufmerksam machte. Oder der Rehbock, der drüben in den Pappeln stand, «der fegt ganz schön jetzt», das hieß, der Bock hatte sich die Pappelpflanzung nach dem Winter als neues Revier ausgesucht und markierte es nun mit Sekret aus seiner Stirndrüse, indem er sich an den jungen Pflanzen den Bast von seinem neuen Gehörn schabte, was die Pflanzen schädigte oder umbrachte. Fegen war der Ausdruck dafür. Und es war klar, der Bock würde wohl nicht mehr lange leben, der Mai stand bevor, die Bockjagdsaison begann. Auch der Harvesterlenker war Jäger, er hatte den Blick und die Sprache für diese Dinge.

Der Bock fegt, Nicken, der Bock steht in den Pappeln, Nicken, der Bock ist bald dran. So liefen die Waldgespräche immer, es ging um höchst Konkretes, einer hatte etwas gesehen, etwas gehört, und teilte es mit. Der andere sagte etwas dazu, oft nicht mehr als: So, so. Und gab es nichts Neues mehr zu erzählen, griff man ins unerschöpfliche Reservoir der Erinnerung. Der Fürst, der war ein wilder Fahrer, wisst ihr noch, wie er auf einem Baumstumpf festsaß, alle vier Räder seines Autos drehten frei in der Luft, und wir ihn mit der Seilwinde da herunterholen mussten? Das waren die lustigen Waldgeschichten.

Auch die schwarzen kamen hervor, seltener, verhaltener als die anderen, ein starkes Gift, von dem man besser nur hin und wieder nahm. Dann wurde die Sprache noch knapper, es reichten Vierwortsätze, Andeutungen. Einmal mittags, es regnete und war kühl, die Männer machten eine Pause und standen um mein Feuer bei der Hütte, begann einer davon – da war mal der, der hat sich erhängt. So hob er an, wie einer auf einer Gitarre ein paar Töne spielt. Er deutete in die Richtung des grausigen Vorfalls, von dem er so überaus knapp erzählte, die Gesichter am Feuer schienen ernster zu werden, härter. «Nur noch der Rumpf, als man ihn fand.»

Einer neben ihm am Feuer fiel ein. Und der andere verschwand, wisst ihr noch, der war dement. «Nur noch der Schädel.» Mehr musste nicht gesagt werden, jeder ums Feuer wusste, die Wildschweine ließen nur das härteste Gebein übrig. Und da war der Landstreicher, da war auch nicht viel übrig, man konnte sein Todesdatum aus den Zeitungen rekonstruieren, die er am Leibe getragen hatte gegen die Kälte.

Einmal hörte ich im Wald über Politik reden, ein einziges Mal. Wieder war der Mann aus seiner Harvesterkabine gestiegen, der Förster hatte einen kleinen Pflaumenkuchen dabei und teilte ihn mit seinem Messer unter uns dreien auf. Plötzlich waren wir bei den Windmühlen. Ringsum im Land standen viele, drehten ihre Riesenflügel oder ließen sie hängen. Der Maschinenlenker mochte sie nicht, sie zerstören das Landschaftsbild, sagte er. Ich sprang ihm bei. Der Förster sah es ganz anders: «Das sind doch rein ästhetische Argumente, die Sie dagegen vorbringen.» Damit war das Gespräch darüber beendet. Jeder hatte seine Ansicht geäußert, kein Grund, viele Worte zu machen, sich in ein kreiselndes Besprechen zu steigern. Wie anders wäre dieses Gespräch in der Stadt verlaufen. Und es stimmte schon, der Harvesterlenker und ich hatten allein ästhetische Argumente vorgebracht. Aber war der Förster denn einer, dem Schönheit egal war? Den Eindruck hatte ich nicht. Vieles in seiner Waldwelt war so, wie es war, nur darum, weil er es schön fand, aus keinem anderen Grund.

Er musste sich um hundert Dinge kümmern, um den Sturm und die Sturmschäden, um den Borkenkäfer und die sterbende Fichte, um den mühseligen Holzverkauf in Zeiten frei fallender Holzpreise, um genügend Harvester samt Fahrern, um die Jagden und die Hochsitze, die auszubessern waren, bevor die Bockjagd begann. Und beim Vereinsleben im Dorf hatte er auch seinen Mann zu stehen, allen voran im Schützenverein, obendrein bildete er Jungjäger aus und ging selbst zur Jagd, sah aber auch zu, die Yogastunde nicht zu versäumen und sich um Familiendinge zu kümmern, um seine Frau, seine Kinder, seine Eltern – bei alldem fand er noch die Zeit, Zeichen im Wald zu setzen. Sein Wald war voller Zeichen. Ein Paar Waldarbeiterschuhe, an eine Fichte genagelt – so schrittversetzt, als liefe in ihnen ein Geist, der Schwerkraft spottend, den Baum hinauf. Oder das Gehörn eines Gablers hoch an einer Buche, unsichtbar für den, der es nicht kannte, denn es hatte die schwarzgrüne Färbung der Borke angenommen – die Buche stand genau da, wo ein Waldweg sich gabelte wie die Gabel des Rehbocks oben an ihr. Ein subtiles Zeichen, er machte mich darauf aufmerksam, sonst wäre ich wohl achtlos daran vorübergegangen. Die Riesenspinne hingegen stand unübersehbar da, wo zwei Waldwege sich kreuzten – eine von allen Ästen bis auf die vier stärksten befreite, geschälte, weißlich aus dem Waldesgrün herausleuchtende Baumkrone, kopfüber aufgestellt auf ihre verbliebenen Spinnenbeine, als Wegzeichen und Geburtstagsgruß an den Fürsten. So groß war die Spinne, dass unter ihr ein junger Quittenbaum wuchs.

Um eines seiner Waldkunstwerke führte er den ganzen Sommer lang einen zähen Krieg gegen den unbekannten Dieb, der es immer wieder stahl – der tote Baum mit der Axt darin. Wer die schmale Straße von der Residenzstadt her nahm, lange lief sie durch nichts als Wald, dem mochte im Vorüberfahren die Fichte auffallen, etwa mannshoch gebrochen vom Sturm, die Axt in ihrem abgesplitterten Stamm leuchtete rot genug. Es war mein Zeichen, hier ging der Weg zur Jagdhütte ab. Offenbar stach das Feuerrot dem Dieb so herausfordernd ins Auge, dass er die Axt immer wieder vom Baum holte. Der Förster nahm die Fehde an. Nach jedem Diebstahl hieb er eine neue Axt in den Sturmbaum, der Dieb stahl sie ein ums andere Mal. Schließlich bestrich der Förster ihren Stiel mit Pech, es würde den Kerl verraten, die Schande würde an seiner Hand kleben, er würde sie lange nicht abwaschen können. Nach kurzer Zeit fehlte auch die so präparierte Axt, das Pech hatte den Kerl nicht abhalten können.

Der Förster ließ nicht locker, es war eine Frage der Ehre geworden. «Hier draußen», knurrte er, «bleibt nichts auf Dauer verborgen. Irgendwann, nach ein paar Gläsern, wird irgendwer redselig und brüstet sich damit, und ist er's nicht selbst, dann fängt ein anderer damit an. Und wenn es Jahre dauert, es kommt raus.» Er hatte eine recht konkrete und ausreichend derbe Idee, was er tun würde, käme die Tat heraus und der Name des Axtdiebes an ihn. Er sagte es mir, und ich war beeindruckt. Es würde kurz und wild zugehen, und es würde dem Dieb ein Schaden entstehen, demütigend genug, um eine gerechte Strafe genannt zu werden.

Aber die schöne Rache blieb Phantasie. Der Dieb dachte nicht daran, klein beizugeben, der stumme Krieg ging weiter, der Förster schlug immer aufs Neue eine Axt in den Sturmbaum, der Dieb stahl sie wieder und so fort. Bis der Förster einen Schmied hinzuholte. Der Axtstiel wurde auf ganzer Länge in zwei Hälften gesägt, ein Drahtseil in den Stiel eingelegt und die Hälften wieder fest zusammengesetzt. Dieses Drahtseil wurde um das Beil und durch den Baumstamm geführt und Axt und

Fichte so untrennbar miteinander und ineinander verzurrt, dass kein Mensch sie mehr zu trennen vermochte, es sei denn, er rückte mit schwerem Gerät an. Der Dieb hätte den ganzen Baum absägen und mitnehmen müssen, um auch diese Axt zu stehlen. Das brachte er nicht fertig. Jetzt war der Förster zufrieden.

Nein, das Zweckfreie, das Schöne, sie waren ihm nicht egal. Er hatte großen Spaß daran und sagte es auch. Seine Zeichen im Wald und die Energie, die er in sie steckte, erinnerten mich an meinen schlesischen Kunstlehrer auf dem Kleinstadtgymnasium, auch er hatte Zeichen im Wald gesetzt. Bäume bemalt, rot, gelb und blau, was in den späten sechziger Jahren als avantgardistisch galt, jedenfalls in einer kleinen Stadt, was aber ein Pferd nicht verstand. Die Mutter einer Klassenkameradin pflegte in diesem Wald auszureiten. Als ihr Pferd vor den roten und blauen Bäumen scheute und die Reiterin abwarf, war es aus mit der Avantgarde im Stadtwald.

Zu den Waldgängern gehörten auch die Holzmacher. Eines Tages kam eine Frau zu meiner Hütte, eine Thermoskanne in der Hand, und bot mir Kaffee an. Sie und ihr Mann schlugen Holz in der Nähe. Er übernahm die gröbere Arbeit, mit Keil und Axt, sie stapelte das geschlagene Holz und sammelte neue Äste, gemeinsam zersägten sie diese auf die gewünschte Länge. Auch sie kamen aus einer Stadt und aus Berufen, in denen viel geredet wurde. Auch sie suchten die Waldfreiheit. Beide arbeiteten in einer psychiatrischen Anstalt, sie gingen in den Wald, um eine Zeitlang davon loszukommen.

Ich erwähnte, dass ich ein Auto suche, ein altes, billiges, so eines, wie es der Förster fuhr. Ich suchte es, weil es das Zimmer gab, in dem meine Mutter lag. Letzten Sommer hatte sie getan, was sie sich nie hatte vorstellen wollen noch können – ihr Haus verlassen, alles zurücklassen, in dieses Zimmer ziehen. Sie hatte diesen Tag so lange hinausgezögert wie nur möglich, ich verstand sie. Und sah nun, dass eine Zeit begann, Abschied zu nehmen, nicht nur für sie und nicht nur vom Haus. Ich sah diesen Abschied nahen und wollte ein Auto, um so oft wie möglich bei ihr zu sein. Der Förster hatte, als ich ihm das sagte, sofort seine hilfreiche Alarmkette mobilisiert. Nach wenigen Tagen standen mehrere alte Autos mit ein paar Restmonaten TÜV in den Dörfern der Gegend für mich bereit.

Allerdings hätte ich sie kaufen, dort, wo ich herkam, anmelden und am Ende des Jahres wiederverkaufen und abmelden müssen, Umstände, die ich mir nicht machen wollte. Ich wollte ein Auto gegen etwas Geld, und gut. Das sagte ich dem Holzmacher. Er nickte, schaute zu seiner Frau, die schien einverstanden, dann sagte er: «Ich habe da einen alten Mercedes stehen, den brauch ich nicht, hat noch ein paar Monate TÜV, den können Sie haben.» Kein Anmelden, kein Abmelden, kein Kauf, nur ein Handschlag, ein Handgeld, und ich hatte, was ich brauchte.

Der Förster griff ins Handschuhfach seines Pick-ups, als er den von seinem bald dreißigjährigen Leben hier und da etwas gezeichneten Benz bei der Hütte stehen sah. Da müsse doch noch ein Schild «Forstbetrieb» sein, murmelte er, und richtig, da war noch eins, das gab er mir, ich solle es von innen an die Windschutzscheibe pappen, und das tat ich gleich. Nun fuhr ich im Revier und in der Residenzstadt herum wie er. In Waldstiefeln und Walklodenjoppe und in einer Karre mit noch ein paar Monaten TÜV, aber im Einsatz beim Forstbetrieb. Es gefiel mir sehr.

Fuhr ich zu ihr, brachte ich den Wald mit in ihr stilles Zimmer, den Waldboden an den Sohlen meiner Stiefel, den Geruch des Feuers in der Walklodenjoppe; und wenn ich Stunden später ging, blieb eine Spur vom Duft des Waldes, den sie so geliebt hatte, bei ihr.

DAS HAUS

Wenn ich zu ihr fuhr, hielt ich manchmal beim leeren Haus, es lag ungefähr auf halbem Weg zwischen meiner Hütte und ihrem Zimmer, und wenn ich etwas brauchte, das die karge Hütte nicht bot, etwa eine Nacht dort, wo ich herkam, dann blieb ich und schlief in dem großen Zimmer, das sie für mich angebaut und eingerichtet hatte, damals, als ich fortging.

Großvater, der das ursprüngliche Haus gebaut hatte, war ein Mann des Steins. Aus dem Ersten Weltkrieg brachte er das Eiserne Kreuz heim und kleine Denkmale, die hatte er in den Pausen, die Kriege gewähren, aus weichem Kalkstein geschnitten. Diese Andenken schenkte er seiner Frau Elise, meiner Großmutter. In einen Stein hatte er ihr Bildnis gesetzt, daumennagelgroß, mit einem scharfen Messer aus einer Fotografie herausgelöst. Ein äußerst fein gearbeiteter Kalksteinring, etwa so groß wie ein Ehering und auch etwa so dick, schloss Elises Gesicht ein, ihr weißes Gesicht, gerahmt von ihrem schwarzen Haar, das wir ihr noch im hohen Alter flochten.

Elise hatte fortgehen wollen, in die große Stadt Berlin – kein leerer Traum, sie hatte Verwandtschaft dort. Dieser Berliner Teil ihrer Familie besaß ein Möbelhaus, es existierte noch, als ich als junger Mann nach Berlin zog, es hatte zwei Weltkriege, die kurze Zeit dazwischen und die lange danach überlebt. Ich musste oft an sie denken, als ich, drei Leben später, ihren Jugendtraum wahrmachte. Denn ihr hatte sich der Traum nicht erfüllt. Beide Eltern starben, als sie noch jung war, aber eben die Älteste unter ihren Geschwistern, und so stand ihre Aufgabe fest. Über Nacht wurde sie zum Oberhaupt der Familie und sorgte nun für sie, so gut es eben ging. Sie blieb, wo sie geboren worden war und in den Verhältnissen, in die sie geboren war, und heiratete meinen etwas jüngeren Großvater. Die Stadt, in die sie so gern hatte gehen wollen, war dieselbe, in die achtzig Jahre und zwei Kriege später ihr Enkel ging, ich.

Was meiner Großmutter widerfuhr, was sie hatte bewältigen müssen, war keine so große Ausnahme gewesen. Die Männer im Krieg, und nicht wenige blieben fort – diese Frauen, aus welchen besonderen Umständen auch immer, arbeiteten hart, brachten allein die Familien durch, trafen Entscheidungen, das alles war so lange gar nicht her, ich hatte noch bis zu den Knien in dieser Welt gestanden, bis an den Saum der ersten Lederhose, solche Frauen hatten mich großgezogen. Ihre Härte und ihre Liebe, ihre Last und ihren Trost, ich kannte sie gut.

Das Eiserne Kreuz, ich hatte gedacht, es sei längst verlorengegangen, aber das Haus hatte auch dieses Detail aufbewahrt. Eines Tages zog ich ein Pappschächtelchen hervor, hellgrau, äußerst schlicht, und fand darin, in vergilbtes Seidenpapier geschlagen, Großvaters EK. Auf der Rückseite waren Krone und Eichenlaub eingeprägt, das Stiftungsjahr 1813 und die Initialen des preußischen Königs Friedrich Wilhelm. Er hatte den ersten Militärorden, der ohne Ansehen von Rang und Stand vergeben wurde, in den Befreiungskriegen gestiftet. Auf der Vorderseite wiederum Krone und Initial, nun ein W für Kaiser Wilhelm II., und das Stiftungsjahr 1914. Das Kreuz besaß einen Ring, um es am Bande zu tragen, war also ein EK II. Auch das Ordensbändchen fand sich und das Foto, das ich als Kind gesehen hatte – Eisernes Kreuz und Band am Großvater, am Uniformrock im zweiten Knopfloch von oben, aufgenommen bei einem Heimatbesuch, denn neben ihm stand meine Großmutter im knöchellangen, perlenbesetzten, seidig fallenden schwarzen Kleid. Ernst blickte der Großvater drein, aber sein Ernst schien stumpf geworden. Es fehlte das Forschende, das ahnungsvolle In-die-Welt-Hinausschauen, der Glanz in den Augen. So schauten die Männer, die aus den Kriegen kamen. Musste ich an ihnen vorüber als Junge, überkam mich eine Scheu, die ich mir nicht erklären konnte.

Manche standen abends vor ihren Häusern, die sie selbst gebaut hatten wie mein Großvater seines, sie rauchten wie mein Großvater und sprachen nicht, wie er. Wohin ihr Blick ging, blieb ihr Geheimnis. Diesen Männern wurde später vorgeworfen, vom Krieg, aus dem sie kamen, geschwiegen zu haben. Wollte sie denn jemand hören? Am wenigsten ich. Ich sah zu, rasch an ihnen vorbeizukommen. Kann es sein, mit dem Erleben und dem Erzählen verhält es sich anders als die Kritiker dieser Männer dachten, kann es sein, dass die zwei nicht so ein perfektes Paar sind, wie man meint? Je ungeheurer das Erlebte, desto näher das Schweigen davon. Je redseliger die Zeit, desto harmloser das Erlebte.

Der Elisenstein von der Front stand mit den anderen Andenken in einer Vitrine des Hauses, in dem ich aufwuchs. Großvater hatte es dort nicht bauen wollen. An einem Hügel hatte er Gefallen gefunden, darauf sollte sein Haus stehen, frei, für sich, außerhalb des Ortes. Der Hügel hieß Alter Galgen, man musste das nicht lange erklären, und er lag in Sichtweite der alten Gerichtseiche, aber es störte ihn nicht. Nicht den Schinderhügel sah er vor sich, vielmehr den erhabenen Bauplatz, sein Haus auf dem Hügel. Daraus wurde nichts, im Rathaus verweigerte man ihm den Kauf des Landes und zwang ihn in die Reihe anderer neuer Häuser am Ortsrand, gleich bei den Feldern. Man nötigte ihn, sein Haus dort zu bauen, mit Blick auf den verweigerten Hügel. An dem lag auch der Steinbruch. Großvater schlug Stein um Stein für den Sockel des Hauses heraus, er baute ihn dick wie eine Stadtmauer. Er brach sein Haus aus dem Traumhügel heraus und trug es Stein für Stein in die Parzelle.

Er gab aber nicht auf. Er wurde übers Bauen zum Steinmetz. Er goss Pfeiler fürs Gartentor und setzte Spiegel oben hincin. Er machte ein Sandsteinoval und passte es in die Westwand seines Hauses. In Schreibschrift gravierte er die Hausnummer ein: 202. Es sah gut aus, das Medaillon mit dem symmetrischen Zeichen darin. Warum schrieb er nicht hinein: Haus Elise? Schreckte er zurück vor einer so exaltierten Idee, oder kam sie ihm gar nicht? Ich hatte das Oval noch vor Augen und auch die Fensterläden links und rechts davon und die eisernen Reiter, um die Läden, öffnete man sie morgens, an der Hauswand zu arretieren. Das Haus auf dem Hügel, die flaschengrünen Lamellenläden, die verspiegelten

Torsäulen, er hatte sich das alles ausgedacht und es selbst gebaut. Geld? Hatte er nie, nur solche Ideen.

Er vererbte sein Haus an meine Mutter. Über ein halbes Jahrhundert hatte es in seinen maßvollen Proportionen am Rande des Ortes gestanden, wo die Felder begannen, dahinter die Wälder und hinter ihnen die blauen Hügel im Westen. Es war der Not der Zwischenkriegszeit abgetrotzt, hatte den Krieg überdauert, danach die Einquartierung der Besatzungssoldaten, Großvater und der Rest der Familie wurden in den Keller verbannt; er pflanzte seinen eigenen Tabak an, das Rauchen war das einzige Laster, das er sich erlaubte.

Es war erst die gute, die Aufbauzeit, die sein Haus überbaute und unsichtbar machte. Mutter verdoppelte das Haus, ließ eine zweite Etage daraufsetzen und einen Anbau daran. Das Sandsteinmedaillon verschwand unter dem neuen Verputz, fort auch die Lamellenläden, die Säulen mit den handtellergroßen Spiegeln. Es war nun ein großes, zeitgemäßes Haus, bereit für den nächsten Erben und dessen Familie, einstweilen bewohnt von ihr und diesem Erben, ihrem jungen Sohn, in den sie einige Hoffnung setzte und der bald fortziehen würde.

Später, viel später, sagte sie einmal während eines Spaziergangs, es sei so still geworden im Ort. Türen zu, Fenster zu, jeder für sich. Nichts mehr zu tun draußen. In ihren jungen Jahren, wenn sie abends heimkam, habe sie der Klang von Arbeit empfangen. Hammerschlag und Zuruf am Bau und das Wiederkäuen der Mischmaschinen. Ständig wurde gebaut, sie war eine Eingeborene dieser Jahre. Arbeiten gehen, nebenher bauen, ausbauen, der Garten, der Sohn, die Brombeeren, die vorzügliche Marmelade daraus, die Wäsche, sie jonglierte das wie eine sechsarmige indische Gottheit. Manchmal war sie müde, dann war es zu viel gewesen, aber die Müdigkeit vor aller Mühe, die kannte sie nicht.

OSTERN

Das Leben in der Hütte war angenehmer geworden, leichter. Nach dem frostigen Beginn hatte ich mich mit Decken versorgt, ich brauchte sie kaum mehr. Von den Zwetschgenbäumen, die der Förster am Bonifatiusweg gepflanzt hatte, schneiten nun Blüten zur Jagdhütte herüber, Falter kamen heraus, zitronengelbe, schwarzbraune, cremeweiße, sie taumelten über die Waldwege, die ich ging. Alles sehnte und dehnte sich zur Sonne, zum Licht.

Meine Hütte lag hart an der Grenze der Konfessionen. Hüben meist evangelisch, drüben katholisch. In den Dörfern auf meiner Seite bereitete man die Osterfeuer vor, bei der Hütte lag ein Haufen Kronenholz, der Förster spendierte es dem nächstgelegenen Ort, er gehörte dem Schützenverein dort an und nahm auch sonst Anteil am Dorfleben. Einige Burschen in bester Osterfeuerlaune holten das Holz ab, ich hörte sie von weitem, ein durch den Wald jaulendes Martinshorn war ungewöhnlich. Es war ihre Vorhut, sie kam im Krankenwagen, den einer von ihnen fuhr, dann folgten die anderen mit einem Hänger fürs Holz, eine Kiste Bier hatten sie auch dabei, alles zupackende junge Kerle. Erst flogen die Kronkorken auf den Hänger, dann die Stämme und Äste, schon waren sie wieder fort.

Am Karfreitag ging ich über die Dörfer. Jenseits der Grenze wurde es stiller. Ich nahm den Feldweg über die Hügel und fand mich in einer anderen Welt. Sie begann dort, wo das erste Kruzifix in den Feldern stand, der erste in Herbstregen und Frost verwitterte Heilige, der erste Marienschrein mit Kreuzgitter und Blumen, verstaubt. Ich lief durch Dörfer, nach innen gekehrt, und als ich einen Menschen sah, war es eine schwarzgekleidete Frau, die aus ihrem Haus trat, das Gesangbuch in der Hand. Es füllten sich die Dorfkirchen zur Liturgie vom Leiden und Sterben unseres Herrn. Einen Priester sah ich in keiner.

In der ersten dieser kleinen Kirchen betete ein Mann in der vordersten Bankreihe mit lauter Stimme den Kreuzweg. In der Kirche im nächsten Dorf schritten zwei Messdiener die Stationen ab, zwei Frauen lasen die Passion. In der ersten Kirche hatte ich viele Männer gesehen, in dieser saßen fast nur Frauen, junge und alte. Als die Lesung beendet war, standen sie rasch auf und draußen noch ein paar Minuten zusammen beim heiteren Dorfschwatz. Eben hatten sie noch in der Kühle gekniet, in der Anbetung, mancher länger, als es die Liturgie forderte. Nichts war neu an dieser Beobachtung, ich hatte sie oft gemacht, nichts war schlecht daran. Die Passion und die Passionen trennt eine dünne Membran.

Ich ging wieder zurück über die Grenze. Hier gab es eine Schänke, in einem weiten Tal gelegen, sie öffnete selten. Heute aber, am Karfreitag, lud sie zum Frühschoppen, und sie war voll. Drinnen saß die Jugend der Dörfer, die auf dieser Seite der Grenze lagen. Deutscher Punkrock lief, an einer Wand hing ein Sechsender und hoch über allem der Kopf einer Wildsau, das Bier wurde in kleinen Plastikbechern ausgeschenkt, die man rasch leerte. Es war ein ausgiebiges und zugleich sittsames Trinken, es war doch ein Feiertag.

Am Karsamstag ging ich zum Osterfeuer des Dörfchens, für das der Förster das Holz geliefert hatte. Einen beinahe haushohen Scheiterhaufen hatten die Männer aufgerichtet, üppig verstärkt mit halbwüchsigen Fichten. Familien, Kinder, Bratwürste, Bänke, Bier, und die Feuerwehr passte auf, dass nicht anbrannte, was nicht anbrennen sollte, eine Feier des ganzen Dorfes. Ein Feuerwehrmann entzündete den Haufen mit dem Flammenwerfer, bald loderte und prasselte das Feuer gegen den blauen Abendhimmel, begleitet von platzpatronenhaften Explosionen in den grünen Fichten, wenn die Flammen sie packten.

Alles stand um das Feuer, wieder wirkte die alte Magie. Plötzlich neigte sich der lichterloh brennende Holzstoß, man hatte versäumt, ihn mit Drahtseilen zu binden und so stabil zu halten. Das lang erwartete Osterfeuer, weithin sichtbar bis in die nächsten Dörfer, fiel, kaum entzündet, nach ein paar Minuten um. Nun zeigte sich der ganz unmythologische Charakter der Sache. Es war schade, hatte aber nichts zu bedeuten. Ein wenig peinlich vielleicht, wenn die Männer der Nachbardörfer die hiesigen damit aufziehen würden. Solche Dinge vergaß das Dorf nicht, der und der war in den Graben gefahren, einer hatte mit dem Trecker das eigene Scheunentor gerammt, und nun war im Nachbardorf das Osterfeuer umgekippt. Geschichten, die hervorgeholt wurden, wenn man wieder einmal beisammensaß, so lange, bis der Gefoppte einen ausgab.

Als einziger Fremder beim Fest stand ich vor der Wahl, beizeiten zu gehen oder mitzufeiern. Die Leute waren freundlich, der oberste Schütze setzte sich zu mir und lud mich zum Schützenfest in einigen Wochen ein, dem größten Ereignis im Dorf, nur alle drei Jahre werde es ausgerichtet. Und jemand reichte mir ein Bier, das hieß: Setz dich her, bleib. Und doch war es eine Familienfeier des Dorfes, manche, die fortgezogen waren, kamen von weit her, um ihre Leute wiederzusehen; ich wollte ihnen nicht das Gefühl geben, sich um den einzigen Fremden kümmern zu müssen, dankte für das Bier, trank rasch aus und kehrte zur Hütte zurück.

Sie war unsichtbar geworden, tatsächlich über Nacht, und ich mit ihr. Am Ostersamstagmorgen hatte ich die Buchen im Hof ergrünt gefunden – ein viel zu sanftes Wort, detoniert waren sie. Aus Tausenden aufgesprengten Buchenspindeln schossen frische, helle Blätter hervor, noch ganz lappig, die leeren Hülsen bedeckten den ganzen Hof und auch meinen Tisch, die meterlange Holzbohle vor der Jagdhütte. Ich lief nun über Blütenschalen und griff ins neue Grün. Samtig fühlte es sich an, unendlich zart, wie alles Neugeborene.

Ich dachte an die Zeit, in der ich gekommen war, als das harte, braune Laub vom Jahr davor den Waldboden bedeckte. Das Laub, das über Nacht geboren worden war, würde nächstes Jahr als eine neue Schicht Totlaub auf die alte herabfallen. Leben und Tod, wie fassbar war das hier draußen, und wie selbstredend das Jahrmaß – kein willkürlich gesetztes Metrum, um der formlosen, endlosen, menschenfeindlichen Zeit ihren Schrecken zu nehmen und sie in menschenmögliche, menschenbegreifliche Rhythmen zu bannen. Das Rondo vielmehr, in dem der Mensch sich wiedererkennt.

Nun vom Osterfeuer heimkommend, sah ich, wie die Jagdhütte im Frühling verschwand. Wie hatte ich das ersehnt. Kurz vor der Hütte kehrte ich um, ging den Waldweg ein Stück zurück, ohne mich umzudrehen, ich wollte die Verwandlung noch einmal sehen. Als ich mich endlich umwandte, brauchte ich einen Moment, um die Hütte auszumachen im grünen Rausch, die Camouflage war beinah perfekt. Vorgestern noch ausgestellt im kahlen Forst, hatte der Lebensausbruch sie eingewaldet in einer einzigen Nacht. Nur wer sie kannte, sah sie jetzt noch; wer nicht, lief achtlos vorüber.

VOM LEBEN IM WALD

Und wie mit dem Jahrmaß war es mit dem Maß der Tage, mit sanfter Gewalt drückte es mich in seinen Zyklus hinein. Weil mir das allermeiste Städtische fehlte hier draußen, fehlte mir das Werkzeug, die Nacht zum Tage zu machen oder andersherum. Der Tag begann, wenn er heraufdämmerte, er endete, wenn das allerletzte Licht über den Baumwipfeln zerging. Die paar Handgriffe, die nötig waren, um den Tag zu bestehen, spielten sich ein. Früh Wasser aus dem Plastiktank zapfen, den mir der Förster hingestellt hatte, erst für die Freiluftwäsche, dann für den Kaffee, den Gaskocher entzünden, die maussicher hängende Tasche vom Nagel im Querbalken der Scheune angeln, ein Stück Weißbrot brechen, schauen, was der maussicher verschlossene Nahrungskasten bot, dann das Frühstück auf dem Tisch vor der Hütte. Das Brot wurde hart nach zwei Tagen und der Kaffee rasch kalt im Emaillebecher, dann schmeckte er bitter. Luxus war es, ein paar Eier vorrätig zu haben und sie morgens oder mittags in die kleine Pfanne zu schlagen, die ich besaß. Alles war karg hier und oft weniger als das, aber es störte mich nicht, die Waldfreiheit wog das dreimal auf.

Fragte mich jemand, was das sei, Freiheit, müsste ich antworten, nichts Besonderes, aber etwas sehr Süßes.

Ein köstlicher Schauer, der über dich läuft. Und etwas sehr Einfaches. Frei war ich in einem ganz praktischen Sinn, niemand sagte mir, was zu machen war, keine Ampel, kein Anruf befahl mir zu gehen, zu stehen, dies oder jenes zu tun oder zu lassen – als waldfreier Mann, der ich war, kippte ich am Morgen den Rest kalten Kaffee fort und schlug den Weg in eine Richtung ein, die mir gerade gefiel. Der nördliche führte zum Waldsee, bis in die Gegend des Forsthauses und des Gutes, und wenn ich Lust dazu hatte, ins nächstgelegene Dorf und weiter über die Grenze in die katholischen Dörfer. Dort lag auch in den Wiesen das einsame Gasthaus, in das ich Ostern geraten war.

Der östliche Weg folgte erst dem Bonifatiuspfad, dann hatte ich die Wahl – zu den Waldhöhen hinauf, von dort sah man weit ins Land, oder in einem Bogen tief ins Revier. Südlich abbiegend, gelangte ich zur großen Wildwiese, die tief in den Forst einschnitt, oder durchs Nachbarrevier zur Residenzstadt. Kehrte ich aus der Residenzstadt zurück, war es ein Glück, wieder in die erfrischende Waldsphäre einzutauchen. Stand die Sonne gut, hängte ich die Solarzelle an den Nagel, den ich in die mannshoch abgesägte Buche geschlagen hatte, aber obwohl ich nicht gespart hatte beim Kauf, musste ich mich in Geduld fassen, bis ein kleines Gerät ein wenig aufgeladen war.

Meine Tage glichen tatsächlich den Tagen des Jungen, der ich gewesen war. Dieses Streunen, das Hingehenlassen der Zeit. Dabei war ich nicht faul. Es gab Holz zu hacken bei der Hütte, abends Feuer zu machen, und auch sonst fanden sich Gelegenheiten, ab und zu mit Hand anzulegen, dem Förster und seinen Leuten zu helfen. Manchmal, wenn ich vor der Hütte saß, im Wald auf einem Baumstamm oder auf einem Hochsitz, flackerte die kindliche Angst vor der Langeweile auf – ein flüchtiger Schatten, bloß eine Erinnerung. Dem Kind war die so zäh vergehende Zeit unendlich vorgekommen, auf die große Sommerlangeweile würde eine nächste folgen und so weiter bis ans Ende dessen, was es sich vorstellen konnte. Ich seufzte eher bei dem Gedanken, wie rasch meine Saison in der Freiheit verrinnen würde.

Ich liebte die Abende. Das Scheunentor weit öffnen, das Feldbett richten, Feuer machen. Wie schnell ich mich an die Nacht hier draußen gewöhnt hatte und an ihre Stimmen. Ein Kratzen auf dem Dach, vielleicht auch darunter, ein Waschbär, ein Iltis, wer weiß, zu sehen bekam ich ihn nie, und im Scheunentorstyropor wühlte die Maus. Ich hatte sie für eine gewöhnliche Waldmaus gehalten. Jede Nacht arbeitete sie sich durch die Kunststoffschicht zwischen der Bretterfront des Tores und dem Filz, mit dem es innen beschlagen war, jeden Morgen war der Boden mit neuen weißen Styroporkrümeln übersät. Die Maus war umgänglicher als der Waschbär oder wer immer auf dem Dach rumorte, wir kannten uns inzwischen, sie hatte ihre Identität gelüftet. Eine Rötelmaus war sie, auch bei Tage rannte sie ihrer Wege, selbst wenn sie meine kreuzten. Und saß ich abends am Feuer, sah ich ihren rotbraunen Rücken unter die heißen Steine huschen, auch sie suchte in der aufsteigenden Nachtkühle die Wärme.

Ich blieb am Feuer, bis die Nacht meinen Platz und

die Welt um mich herum ganz übernommen hatte, nur über den üppigen Wipfeln leuchtete noch ein Rest vom Tage, dann verschwand auch er. Jetzt war die Waldesschwärze vollkommen, jetzt zerstreute ich die letzte Glut meines Feuers, nichts war mehr zu sehen oder zu tun.

DER WEG ZURÜCK

Weil meine Hütte nun einmal an einem Pilgerweg lag, von dem der Förster sagte, niemand gehe ihn, sagte ich mir, dann geh du ihn, und bis zur ersten Offenbarung, die er mir spendete, brauchte ich keine Stunde. Auch der Tod unterliegt Moden, das wusste ich, und dass das Aschegrab immer beliebter wurde, gerade das unter Bäumen; eine so ausgedehnte Grabstätte mitten im Wald, in die mich der Bonifatiusweg nach kurzem Marsch lenkte, hatte ich aber nicht erwartet. Er führte mitten hindurch. Eben endete eine Beisetzung am Fuße einer Buche. Es war eine christliche Feier, schon von weitem leuchtete das weiße Beffchen der Pastorin aus dem Schwarz ihres Talars.

Sollte Bonifatius tatsächlich diesen Weg genommen haben, so hat er ihn durch eine germanische Grablege geführt – genau hier, wo jetzt der neue Waldfriedhof war. Bis der englische Mönch es änderte, wurden die Götter in Wäldern und auf Bergen verehrt und die Toten in Hügelgräbern bestattet, solchen wie hier. Mitten im neuen Urnenwald lag ein Hügel, dort hatte man bronzezeitliche Gräber gefunden. Und um es ganz klar zu machen, auf welchem doppelten Boden wir standen, plauderte ihr alter Flurname es freimütig aus: Heiligtum. So hieß der Ort.

Der weltkundige, gebildete englische Abt, vom Papst bei einem Rombesuch zum Apostel der Germanen berufen, hatte hier in diesen Wäldern eine Revolution des Glaubens und Denkens entfacht. Nicht nur Gott holte er aus dem Waldesdunkel, auch die Toten. Ihm baute er Häuser, erst aus dem Holz der gefällten Donareiche, so wird es überliefert, dann einen Dom aus Stein. Und den Toten baute man nun Kirchhöfe um die Gotteshäuser herum. Stein statt Holz, Haus statt Baum, Weltkirche statt Waldkulte, Gott statt Götter, Brot und Wein statt lebender Opfer, tierischer wie menschlicher, das war die Revolution, die der Abt mit der Axt brachte. Vor tausenddreihundert Jahren war die Welt hier eine andere geworden – und jetzt wieder. War es nicht wieder so, wie es gewesen war, bevor er Gott aus den Wäldern geholt hatte, drehte sich alles im Kreis?

Ich mochte es nicht, so zu denken. Denen, die hier begraben lagen oder hier trauerten, hatte ich nicht zu predigen. Und doch drängte mir dieser doppelbödige Ort seine Symbolik auf – die Parabel vom Sieg des Christentums über das Heidentum vor tausenddreihundert Jahren und der Rolle rückwärts jetzt. Was wollte ich denn, da stand doch unübersehbar die Pastorin – und im Zentrum des Urnenwaldes ziemlich groß das Kreuz.

Ich wollte vor allem nicht stören, lief weiter und nahm meine Verwirrung mit. Regen setzte ein. Es ging aus dem Wald hinaus, in die Residenzstadt und durch eine Eichenallee vom Schloss her ins südliche Revier, das ich noch nicht kannte. Aber die Bilder, die sich mir boten, kannte ich. Auch hier war der Sturm gewesen. Ich geriet in eine Schneise, die er geschlagen und die noch niemand geräumt hatte, und lief in das Chaos aus umgestürzten Bäumen hinein. Durch ein enges Waldtal ging es, am Hang rechts verlief mein Pfad, der Wald am Steilhang gegenüber existierte nicht mehr. Der Sturmriese hatte wieder Mikado gespielt. Tausende Fichten, wild durcheinandergeworfen. Ich musste über Baumstämme und durch Kronen klettern oder unter ihnen hindurchkriechen.

Froh, die Plackerei hinter mir zu haben, erreichte ich nach einer Weile den Saum des Waldes, verlor den Weg an der großen Kreuzung und entschied mich für eine der Straßen, die halbwegs in meine Richtung zu führen schien. Sie verlief weiter durch Wald, oft musste ich Lastern ausweichen, die notgeschlagenes Sturmholz abtransportierten, und irgendwann sah ich ein rotes Dach aus einer Talsenke links schimmern, bemerkte einen Pfad, der hinabführte, ins Dorf da unten, und fand dort meinen Weg wieder. Die Dorfstraße zeigte sich menschenleer, das Dorf stand still und schwieg, es war klein und rasch durchschritten, schon ging es aus dem Tal wieder bergauf, in einen neuen Wald hinein.

Durch Spaliere von Silberdisteln und Brennnesseln führte der Waldweg, nach gut einer Stunde war ich oben bei der Franzoseneiche. Die originale Eiche stand längst nicht mehr, man hatte an der Stelle eine neue gepflanzt, nur der Name war geblieben. An welche Franzosen sie erinnerte, an welches Heer, welchen Krieg, den dreißigjährigen, den siebenjährigen oder an Napoleons Invasion, war nicht mehr recht erinnerlich. Einmal im Jahrhundert waren die Franzosen einmarschiert, so viel stand fest.

Zu meinem Bedauern, denn es regnete und war kalt, hatte das Gasthaus hier oben geschlossen, und im nächsten Dorf gab es keins. Ich machte mich mit dem Gedanken vertraut, den ganzen Tag hungern und dürsten zu müssen, denn was jetzt kam, war nur noch Wald. Irgendwo schlug es Mittag, und mein Tagesziel, eine kleine katholische Stadt, in die wir als Schüler gern zum Karneval gegangen waren, würde ich erst gegen Abend erreichen. Auch dieses Dorf war still und menschenleer, aus ihren sechs Boxen schauten mich sechs Haflinger erwartungsvoll an. Der riesige stolzierende Hahn im Hof gegenüber hatte etwas Landsknechthaftes mit seinen füllig gefiederten Pluderhosenbeinen, seinem prächtigen, bunten Wams und seinem Gehabe.

Ich rastete, leider ohne Wasser und Brot, auf einem geschälten, lang gelassenen Fichtenstamm. Ich kannte das Maß inzwischen, elf Meter fünfzig, das Containermaß, gut möglich, dass die Fichte nach China ging. Dort landete viel Sturmholz aus diesen Wäldern, ihre Besitzer konnten froh sein, irgendwo auf der Welt noch Käufer zu finden, die gewaltigen Mengen, die sie genötigt waren, nach dem Märzsturm zu schlagen, verdarben die Nachfrage und die Preise.

So ging es weiter. Wohin ich auch kam, der Sturm war schon da gewesen. Und wie jeder große Zerstörer hatte er Ikonen hinterlassen, die sein Werk feierten. An einem Teich mitten im Wald blieb ich stehen, ein Maler des neunzehnten Jahrhunderts hätte hier sein Skizzenbuch herausgeholt. Der Teich war so eine Ikone, er bot das Bild, das Konzentrat dessen, was geschehen war – das dunkle Wasserauge, umstanden von stummen

Zeugen. Am Ufer gerupfte, zerzauste Eichen, die Äste halb abgerissen. Die hohe Fichte, bis auf einen albernen kleinen Nadelschopf an ihrer Spitze entastet.

Und eine Eiche hatte der Sturm gefällt, die bei weitem älteste von allen hier, sie hatte sicher Jahrhunderte gesehen. Den Sturm beeindruckte es nicht, selbst sie mit ihrem enormen Umfang hatte er der Erde entrissen, in der sie so lange gewurzelt hatte, und mit der Krone voran in den Teich geworfen. Stille nach dem Sturm, so hätte die Zeichnung geheißen. Eine Trauerfeier der Natur. Natürlich musste ich an den Mönch mit der Axt denken, eine Eiche dieser Art und Anciennität dürfte es gewesen sein, die er nicht weit von hier fällte. Ein Chronist berichtet, die Eiche des Donar sei gefallen, kaum dass Bonifatius losgelegt habe, in vier Teile, was man als Kreuzeszeichen lesen mochte, als Wink göttlichen Wohlgefallens an dieser Tat. Die Chatten scheinen es so genommen zu haben, sie sahen es mit eigenen Augen und ließen sich massenhaft taufen, so wird es berichtet.

Ich kam an eine Stelle, die freie Sicht ins Land bot. Nun sah ich sie wieder, die Spitzkegel. Im Winter sah man sie besser, wenn die Wälder ihr Laub verloren und sie nackt im Land standen. Alles alte Vulkane. Im Sommer tarnten sie sich als freundlich bewaldete Hügel, aber das Vulkanische steckte hier in der Erde und brach von Zeit zu Zeit aus.

Dies war Grenzland, immer gewesen, immer wieder umkämpft, unter immer neuen Fahnen, der deutsche Andreasgraben zwischen der lateinischen und der germanischen Sphäre. In der Welt des englischen Mönchs hieß das: Franken gegen Sachsen. Später Reformation oder Gegenreformation. Dann Reformation der Reformation, der calvinistische Bildersturm tobte durch die Kirchen hier. Noch in meiner Jugend spürte ich diesen Vulkanismus. Die steinernen Zeugen der Wut auf Rom standen noch da, auf die alte Kirche und ihre Heiligen, auf die Bilder. Fresken wurden übertüncht, Bildstöcke zerschlagen, der Furor des reinen Wortes.

Die größte Zeugenschar der großen Wut hatte ich noch im vorigen Herbst besucht – die gotische Kirche jener Stadt hier war berühmt für ihre außergewöhnlich vielen Heiligenfiguren gewesen. Dutzende an der Fassade, auch drinnen, Heilige in langen Reihen, auf kleinen Steinsockeln stehend und teils unter Baldachinen. Und alle geköpft, so gut wie alle. Auch die Gottesmutter und das Kind auf ihrem Arm. Bei Maria hatte man sich nicht damit begnügt, ihr den Kopf abzuschlagen, auch ihre Hände waren abgehackt, und Jesus war nur mehr ein Torso, ihm hatte man den Kopf und beide Arme abgeschlagen.

Nichts, was ich sonst in den Kirchen der Gegend gesehen hatte, führte mir die Wut jener Zeit so vor Augen. Ein Mord an allen greifbaren Heiligen, ein Massaker in Stein. Der bilderstürmende Trupp musste sich derart in Rage geköpft haben, dass ihm das mechanische Köpfen nicht mehr reichte, nun mussten auch Hände und Arme dran glauben und dann sogar der, den die Kirche ihren Herrn nannte und in dessen Namen der Sturmtrupp doch zu wüten meinte.

Die Wut überschlug sich, sie tat einen Salto rückwärts und wurde eins mit der alten Wut aus den nordischen Wäldern gegen das Imperium, aber auch gegen den

Geist aus dem Süden. Anders konnte ich diese brachiale Spur nicht lesen. Vor vierhundert Jahren war das geschehen, vierhundert Jahre lang waren die Kirchgänger jeden Sonntag an den geköpften Heiligen und am Torso des zerschlagenen Christuskindes vorübergezogen. Und eine seltsame Regung stieg in mir auf. Ich war froh, dass die Stadt und die Kirche der Geköpften außerhalb des Fürstentums lagen.

Es war schon spät, als ich jene andere kleine Stadt erreichte, in der ich als Schüler einen romantischen Rosenmontag verbracht hatte. Protestantenland, aber in seinem schwarzen Talar schillerten hier und da Farben, römische Einsprengsel. Selbst wenn wir in der Jugend nicht viel von diesen Dingen wussten – dass es in den etwas fremdartigen Städtchen hier Weihrauch und sogar Nonnen und Mönche gab, dass die Leute Heilige verehrten und wenn das Jahr düster wurde und der Nebel zog, Lichter auf die Gräber ihrer Verstorbenen stellten und andere seltsame Dinge taten, davon hatten wir gehört. Und hatte sich einer von uns ein Bein gebrochen oder sonst wie verletzt, kam er ins Krankenhaus in einem dieser obskuren Städtchen und gehorchte dort den kleinen, zähen Nonnen aufs Wort. Er war ja gewarnt, hart seien sie, hieß es in den evangelischen Dörfern – streng und mitleidlos.

Auch über die Mönche sprachen die Erwachsenen abfällig, sie hießen: die dicken Mönche. Das Katholische, so viel blieb bei mir hängen, war immer ein wenig dick, ein wenig faul, ein wenig falsch zudem, ihm war nicht zu trauen. Vermutlich gab es solche Bilder auf der anderen Seite auch. Protestantische Hagerkeit, Humorlosigkeit und Habgier werden ihre Farben gewesen sein.

Aber wir waren fünfzehn, der Karneval zog uns an. Ich weiß nicht, woher ich den Mut nahm, in der Eisdiele der Stadt, in der ich aufs Gymnasium ging, ein Mädchen aus der katholischen Stadt anzusprechen und sie zu fragen, ob sie mich nicht einladen wolle. Zu meinem freudigen Erschrecken sagte sie einfach ja. Das hatte ich nicht gekannt, diese Leichtigkeit nicht und diese Art zu feiern. Sie führte mich durch ihr etwas labyrinthisches Elternhaus in der Altstadt, wies mir ein Bett zu für die Nacht, und dann verbrachten wir den Rosenmontag wie junge Hunde, die umherrennen, voneinander fort, dann wieder zueinander, so ging es den Nachmittag, den Abend und die halbe Nacht, weiter geschah nicht viel, nur dass ich zum ersten Mal im Leben frei war auf diese unbekümmert junge und doch fast erwachsene Art.

Das alles war fort, was sonst. Man soll seine Erinnerungen nicht besuchen, es ist immer enttäuschend. Nach einem siebenstündigen Marsch fast nur durch Wälder lief ich in die kleine Stadt hinein, erkannte ihre Fachwerkhäuser nicht wieder, geschweige denn das jener Nacht, stieg ihre steilen Gassen hinauf, mich vage daran erinnernd, dass wir viele Male hinauf- und hinabgelaufen waren, und nichts war wie damals.

Der nächste Tag begann mit einem langen Aufstieg, erst durch das Städtchen, dann hinaus, an einem großen Kruzifix vorüber, ein wenig über Felder und in den Wald hinauf, bis ich auf einen Höhenweg gelangte, der die Grenze des alten Fürstentums bildete. Ihm folgte ich stundenlang, immer wieder erinnerten mich verwitterte Grenzsteine mit seinem Wappen und dem der angrenzenden Herrschaft daran. Einmal machte ich Rast auf einem moosüberwucherten Baumstumpf, so morsch unterm Moos, dass ich in ihn sackte wie in einen Eimer. Dann das Schild «Umleitung», eine Albernheit im Wald, dachte ich, aber bald sah ich, was gemeint war. Der Weg wurde zum Pfad, der Pfad zu einer Art Wildpfad, nicht mehr als fußbreit ausgetreten im Gras, manchmal stockte ich und musste mich orientieren, dann war kein Pfad mehr zu erkennen.

Wieder ging es durch Sturmholz, Fichten kreuz und quer, etliche unter starker Spannung, gewaltsam niedergehalten von anderen, Wildsauen hatten den Boden zerwühlt. Plötzlich riss der Wald nach einer Seite hin auf, und ich sah die namengebende Burg des Fürstentums über dem Tal sitzen. Bei der nächsten Rast beobachtete ich ein Reh, wie es von einem aufgerissenen Wurzelteller zum anderen sprang, von Deckung zu Deckung, und eine Rast später ein Kitz, ganz arglos auf einer Lichtung.

Von ferne ein rhythmisches Rufen, dreimal, da wurde ein Toast ausgebracht, etwas gefeiert, später sah ich von dort her Ziegelrot aus dem Grün blitzen, ein Dorf. Dann berittene Jäger, dreißig, vierzig, ihre blendend weißen Reithosen, ihre roten und blauen Röcke, ihre Hundemeute, eng geführt ritt und hetzte das alles vorüber, ich stand an der Kehre des Waldweges und sah es vorüberrauschen, ein Tagtraum.

Ein schmächtiger Baum, vor nicht langer Zeit nachgepflanzt, von anderen jungen Eichen unterschied ihn nur das Schild «Donareiche». Darauf hatte jemand eine Rune geritzt, die für Stammgut, Stammsitz, das war alles. Kein Tagtraum, kein Raunen, nichts. Wie herrlich dagegen, nach zwei Tagen durch Wälder ins Freie hinauszutreten, ins weite Tal, in den Menschengarten mit seinen hochstehenden Wiesen und gelben Rapsfeldern, den Obstbäumen am Wege, das alles großzügig gerahmt von Waldsäumen – in den lieblichen, fruchtbaren Süden des alten Fürstentums.

Wo genau der Mönch die Eiche gefällt hatte, blieb ungewiss. Fest stand der auf seine Tat hin entstandene Dom. Den Marktplatz hörte ich, bevor ich ihn erreichte, dort nahm ein Fest seinen Lauf, man saß an Tischen im Freien, aß und trank, Livemusik gab es, der Markt war noch die gute Stube der Stadt. Kein öder Rummel, wer hier als Musiker auftrat, egal, was er spielte, musste etwas können. Ich ruhte mich aus, dann ging ich zum Dom, bevor ich mich ins Fest fallen ließ.

Am anderen Morgen sah ich vor einem der Geschäfte am Markt einen Korb voller Heiligenbildchen. Der Inhaber verschenkte sie. Ich ging hinein und fragte ihn, ob er ein Bild der Elisabeth habe. Nicht im Korb, sagte er, aber bei sich zu Hause, es sei ein besonders schönes. Ich solle einen Kaffee trinken gehen und in einer halben Stunde wiederkommen. Das tat ich, und er gab mir das kleine Andachtsbild, einen Druck, etwa hundert Jahre alt. Ich fragte ihn nach dem Preis, er wies das zurück; ich solle das Bild gut behandeln und ein Vaterunser für ihn beten.

Dies war Elisabethland. Wer nicht blind und taub

dafür war, traf überall auf sie. Hier hatte sie gewirkt, nach ihr hießen viele Kirchen. Die Kirche der Geköpften war der bedeutendsten Elisabethkirche nachgebaut worden. Ich hatte meine eigenen Gründe, nach solch einem Bild zu fragen. In einem Elisabethkrankenhaus geboren, überlebte ich dort als Junge eine zu spät erkannte Blinddarmentzündung, so wie meine Mutter dort meine Geburt überlebt hatte, bei der sie in Ohnmacht fiel. Und inzwischen erwachsen, nähte mir dort ein syrischer Arzt die Kopfwunde, die mir eine Baumschere im Garten geschlagen hatte, aus drei Meter Höhe, Gott sei Dank hatte sie die vordere, härtere Schädelpartie getroffen, ein paar Zentimeter weiter hinten, und das Nähen wäre nicht mehr nötig gewesen. Diese und etliche Gründe mehr bewogen mich, in dem Korb nach einem Elisabethbild zu wühlen.

Den Korb nahm ich mit in die Nacht. Es lagen aber keine Andachtsbilder darin, sondern Schädel – der Korb in meinem Traum, den ich nicht loswurde bis gegen Morgen, er füllte sich unter einer Guillotine mit abgeschlagenen Köpfen.

AUF DEM HOCHSITZ

Es war gut, wieder in der Hütte zu sein. Wieder das abendliche Feuer bis in die Nacht, vom Feldbett aus den Vorschein des anbrechenden Tages zu sehen, vage erst, ein fahles Versprechen, das sich rasch einlöste, die immer gleichen Morgenhandgriffe, die Metallkanne mit Wasser und Kaffee füllen, zuschrauben, den Gaskocher entzünden, Warten aufs Brodeln, der erste Schluck im Stehen unter der großen Buche. Schauen, was der neue Tag bringt. Teil des Hüttenritus war der Gang zum Hochsitz geworden, am frühen Abend, den Feldstecher vor der Brust, zu einem bestimmten Sitz ging ich meist, nahe einer der Futterstellen, die ich alle paar Nachmittage mit dem Friseur abfuhr, um Mais zu streuen und die Tonne damit zu füllen.

An dieser Stelle erschien, wie er mir versichert hatte, jeden Abend eine Rotte Wildschweine, um die blaue Plastiktonne zu rollen, bis das letzte Maiskorn herausgeruckelt und gefressen war. Der Hochsitz war sicher zehn Meter hoch, getarnt vom üppigen Grün, bot er gute Sicht. Eine Stunde lang saß ich oben, ohne mich zu rühren oder sonst Geräusche zu machen, und alles, was ich hörte und sah, waren die Stimmen und die kurzen, schnellen Kreuz-und-quer-Flüge der Waldvögel. Amseln, sich in den Abend singend. Tauben, von ferne murrend. Andere in höchsten Tönen piepend, trillernd, alarmierend. Nur die Sauen ließen sich Zeit.

Dafür überraschte mich der Fuchs. Zufällig sah ich zur Seite, da kam er mitten auf dem Waldweg zu meinem Hochsitz. Er lief dicht darunter vorüber, und mir ging der Sinn des Wortes schnüren auf. Der Fuchs wechselte nicht, kreiste, roch und suchte nicht hier und dort wie ein Hund, schon gar nicht sprang er herum. Er lief gerade, wie an einer Schnur gezogen, er schnürte. Etwas fand jetzt seine Aufmerksamkeit, eine Spur im Gras, er nahm sie auf, folgte ihr ins dichte grüne Unterholz, und weg war er, so geräuschlos, so jäh, wie er aufgetaucht war. Es musste ein älteres Tier sein, nicht mehr kräftig rotbraun glänzte sein Fell, es war stumpf geworden und verlor sich an den Flanken ins Farblose.

Gewöhnlich ist der Mensch dem Tier unterlegen – es sieht, hört, wittert ihn, lange bevor er es zu sehen bekommt, wenn er das überhaupt schafft, meist ist es nicht so. Hier lief es andersherum, von meinem Hochsitz aus sah ich den Fuchs, sah ihn tun, was er tat, sah ihn abgehen. Er ahnte nichts von dem Menschen, dem er so nahe kam. Wie ausgeliefert er mir war und wie lange.

Das Spiel zwischen Tier und Mensch stand kopf. Auf dem Hochsitz war ich das allwissende, allsehende Tier und er, ein paar Minuten lang, der dumme Mensch mit seinen stumpfen Sinnen, der nicht hört, riecht und sieht, was um ihn herum vorgeht, aber die ganze Zeit gesehen, gehört, gerochen wird. Der Fuchs, daran lag es wohl, blieb ganz in seiner Sphäre, konzentriert auf den Waldboden. Was zehn Meter über ihm geschah, beachtete er nicht. Musste er auch nicht, dort oben war nichts zu holen für ihn und auch nichts bedrohlich, da flogen unerreichbar die Vögel umher. Und dort oben saß ich. Wie leicht hätte ich ihn schießen können, ihn oder den Waschbären, der nach ihm kam, lange nach ihm.

Wieder musste ich mich in Geduld fassen, wieder geschah eine Stunde lang wenig. Dann war der Waschbär, wie vor ihm der Fuchs, auf einmal da. Aus dem Wald lief er im Bogen um die Lichtung herum, anders als der Fuchs immer Deckung suchend, aber im Fernglas sah ich ihn dennoch gut. Immer schon schrieb der Mensch den Tieren, jedenfalls denen, die ihm entweder besonders nahe waren oder die er besonders fürchtete, einen Charakter zu. Treue, Hinterhältigkeit, Sturheit, Hoheit, Bosheit, Anmut, Mordlust. Darin mischten sich generationenlange Beobachtungen mit Bildern, die er sich machte.

Der Waschbär löste die Empfindung von etwas Feindseligem, Bösartigem aus. Ein wenig lag es wohl an der Asymmetrie zwischen seinem geringelten, plüschig dicken Schwanz und dem kleinen, spitzen Gesicht, vor allem aber an Letzterem, an diesem bissigen Räubergesichtchen und, als wolle er die abstoßende Wirkung noch steigern, an der schwarzweißen Kriegsbemalung, dem schwarzen Querstrich über der ganzen Augenpartie, dem Kontrast zu den weißen Streifen darunter und darüber.

Was mir der Friseur über ihn erzählt hatte, verstärkte den Eindruck. Mehrmals hatte der Waschbär ihn angegriffen. Einmal fasste er, ohne hinzusehen, in eine Maiskiste, spürte etwas Weiches, Lebendes und sah im nächsten Augenblick eine Waschbärin, die sich auf ihn stürzte, die Krallen voran. Die rissen hässliche Wunden ins Gesicht, wenn sie einen erwischten, der Friseur suchte das Weite. Er hatte ins Fell der Jungen gegriffen, irgendwie war es der Bärin gelungen, in die schwer gesicherte Kiste einzudringen und sie zu ihrer Kinderstube zu machen.

Der Waschbär, den ich im Feldstecher hatte, inspizierte gerade die kleine Schutzhalle für die Frischlinge. Ein kniehoher Verschlag aus Ästen und einem Dach aus Teerpappe, in die extra Mais gestreut wurde, denn das Leben der Kleinen war hart. Sobald sie ihre niedlichen Streifen verloren und etwas älter wurden, behandelten ihre Mütter sie als Fresskonkurrenz. Sie fuhren hinein, wenn die Kleinen sich über den Mais hermachten, packten ihren Nachwuchs und schleuderten ihn meterweit durch die Luft. Das wusste ich aus Erzählungen und hoffte, es einmal selbst zu sehen an diesem oder am nächsten Abend auf dem Hochsitz. Darum die kleine Halle aus dicht gesetzten Holzstäben, in ihr waren sie sicher vor den rabiaten Müttern, denn nur die Frischlinge passten durch das Spalier und konnten drinnen ungestört fressen.

Um das endlich zu erleben, ging ich am nächsten Abend später zum Hochsitz, die Dämmerung setzte schon ein. Kaum war ich dort, begann es zu regnen, und dabei blieb es, der Regen wurde stärker. An die drei Stunden saß ich, von unten her durchweicht bis an den Gürtel, obenherum schützte mich meine Jacke. Es war nun die Stunde, in der die Sauen gewöhnlich aus dem Unterholz auftauchten. Zwei Rotten kamen hier regelmäßig vorbei, aber es geschah nichts. Ab und zu schöpfte ich Hoffnung, wenn irgendwo Amseln aufflogen, aber nie war etwas, es blieb still am Futterplatz. Das sah auch der Waschbär so, jeder von ihnen. Wieder schlich einer herbei, ein kleinerer nun, und hatte alle Zeit der Welt, den Frischlingen den Mais wegzufressen, in deren eigener Halle.

Wahrscheinlich witterten mich ihre misstrauischen Mütter, die Bachen, einen anderen Grund, immerzu wegzubleiben, wenn ich kam, gab es eigentlich nicht. Und vermutlich machte ich es ihnen leicht. Ich hatte zuvor am Feuer gesessen und roch nach Rauch, gestern wie heute.

DER JÄGER

Der Mai war gekommen, die Saison der Bockjagd, und wie jedes Jahr wurden etliche Jagdgesellschaften erwartet, es galt, die Hochsitze im Revier, wo nötig, zu reparieren oder neue zu bauen und sie den Jägern zuzuweisen. Ich räumte die Scheune für sie. Als ich eines Nachmittags vorbeikam, traf ich una bella compagnia an, unter Bäumen ums Feuer geschart, drei Generationen vom Kind bis zum alten Herrn. Ein Junge kam mit seiner ersten Waffe aus der Scheune, stolz und etwas aufgekratzt, darauf aus, mit den erfahrenen Jägern zu gehen. Mit einem von ihnen war ich verabredet, eine neue Generosität, wieder ohne alle Umstände.

Als ich es dem Förster erzählte, beglückwünschte er mich. Der Prinz sei einer der erfahrensten, passioniertesten Jäger, die er kenne, keiner, der nur aus gesellschaftlichen Gründen auf die Jagd gehe. Er hatte sofort eingewilligt, mich mitzunehmen, am frühen Abend zogen wir los. Er fuhr einige Plätze im Wald ab, um Ausschau nach Spuren zu halten und wohl auch um Orte wiederzusehen, die ihm etwas bedeuteten. «Kennen Sie das?», fragte er, als wir langsam an einem Wiesental entlangfuhren. «Die Märchenwiese? So wird sie genannt – da drüben habe ich als Junge meinen ersten Bock geschossen.»

Mitten im Wald stiegen wir aus. Er zeigte und erklärte mir kurz seine Waffe, bevor er sie schulterte, und stellte mir seine drei Jagdhunde vor. Er trainierte sie selbst, nur einen nahm er mit, zwei mussten im Käfig des Laderaums bleiben, und das hieß, dort lange allein ausharren, ohne anzuschlagen, es würde Stunden dauern bis zu unserer Rückkehr. Ich hatte, als ich ausstieg, wie gewöhnlich die Wagentür zugeschlagen, der Jäger reagierte gelassen, bemerkte aber, im Wald tue man das nicht. Im Wald hieß: bei der Jagd. Ich nahm mir fest vor, es bei diesem einen Fauxpas bleiben zu lassen an diesem Abend.

Es zu beweisen, war nun Gelegenheit, denn es ging nicht zum Hochsitz, auf dem es schlichtweg darauf ankommt, still zu sitzen und wachsam zu sein, es ging auf die Pirsch. Quer durch den Wald, durch Laub, das nicht rascheln durfte unterm Fuß, über Äste, die nicht knacken, über Steine, die nicht rollen durften, durch tiefhängende Zweige und Waldbrombeergestrüpp, ohne Lärm zu machen, über gestürzte Stämme und Schlammlöcher hinweg, ohne zu straucheln. Der Unterschied zwischen dem Jäger samt seinem Hund und mir war, dass die beiden sich geräuschlos und dabei mühelos durch den Wald bewegten, der ihnen hundert Stöckchen hinhielt, um sie zu Geräuschen zu verleiten, die das Wild warnten. Kein knackendes Ästchen verriet sie, geübt liefen sie den Behutsamkeit fordernden Parcours und konzentrierten sich ganz auf den Wald um sie her, während ich meine ganze Konzentration für meine eigenen Schritte aufwenden musste, um ihnen ebenso geräuschlos zu folgen, was mir immerhin gelang.

Von den Rehen, die zweifellos nahe waren, bekam ich mit, was der Jäger mir zeigte, wenn wir kurz stehen blieben. Er deutete auf die freigescheuerten flachen Kuhlen im Waldboden und prüfte, wie frisch sie waren. In dieser dort hatte ein Reh gelegen, da drüben auch, etwas weiter wieder eines und so fort in kurzen Abständen. Es war klar, hier hielten sich nicht nur zwei, drei Rehe versteckt, es mussten mehr sein. In diesen Kuhlen lagen sie tagsüber und fraßen, was um sie herum wuchs, bis die Dämmerung kam und sie aus dem Wald traten, in üppige Wildwiesen oder Felder.

Wir schlugen einen Bogen. Erst pirschten wir durch lichten Wald, in dem wir gute Sicht hatten, dann hinein in dunklen Fichtenforst, der steil abfiel, und obwohl alle Zeichen und auch das Verhalten des Hundes, der mehr als einmal den Kopf hob und Witterung aufnahm, darauf deuteten, dass hier Rehwild stand oder vielmehr lag – es zeigte sich keins. Mir aber zeigte sich etwas von dem, was die Jagd ist.

Der Jäger schlug vor, die Pirsch zu beenden, auf einen Hochsitz zu steigen und abzuwarten. «Im Umkreis von wenigen hundert Metern liegen jetzt zehn Rehe, vielleicht mehr», sagte er, als wir oben saßen, eine Spur von Bewunderung in der Stimme – wie gut die Rehe darin waren, den Jäger zu täuschen. «Sie liegen still in ihrer Deckung, sie sehen uns, sie hören uns und rühren sich nicht, aber ...» Er ließ den Satz unvollendet, ich dachte mir den Rest. Die Jagd, das erlebte ich ja gerade, war nichts Eindimensionales, kein Spiel mit gezinkten Waffen, das Glück nicht einseitig verteilt. Der Jäger schoss durchaus nicht, wie im fröhlichen Kurpfalzlied, das Wild daher, gleich wie es ihm gefiel. Es war ihm keineswegs hilflos ausgeliefert.

Natürlich herrschte keine Waffengleichheit zwischen Mensch und Wild, nahm man Waffe wörtlich. Aber auch das Wild besaß seine Waffen, und sie waren gut: seine Sinne, denen des Jägers weit überlegen. Das nahezu perfekte Gehör, die hochempfindliche Witterung, die Erfahrung im Wald und mit den Menschen, die erstaunliche Deckung; immer wieder geschah es, dass zwei Meter neben dem Jäger oder einem Treiber ein Reh aufsprang, und der Mensch hatte es nicht bemerkt. Und hätte es nicht bemerkt, wäre es liegen geblieben. Wie oft blieb eines liegen und der Jäger lief ahnungslos vorüber? Jetzt im üppig grünenden Wald kam noch eine Waffe hinzu – die Unsichtbarkeit hinter dieser grünen Wand.

Die Büchse allein glich die Waffen des Wildes nicht aus, der Jäger musste dessen Natur, seine Nöte und Gewohnheiten gut kennen, und er brauchte Geduld und Geschick. Er musste den Rehbock, den er heute Abend schießen wollte, überhaupt erst einmal zu sehen bekommen, damit fing es an. Ihn auf der Pirsch mitten im Wald aufzuspüren, war nicht gelungen. Die Hoffnung war, ihn nun in der fortschreitenden Dämmerung zu bemerken, wie er heraus auf den Wildacker trat, dort hinten im Ungefähren, im schwindenden Licht.

Kam es dazu, musste der Jäger ein geübter Schütze sein, um den Bock zu erlegen. Einen Schuss hatte er frei, mehr Gelegenheit würde ihm der Bock nicht geben. Plötzlich würde er dastehen, wie aus dem Nichts, uns witternd, vielleicht uns sehen auf unserem Hochsitz und in derselben Sekunde fortspringen.

An diesem Abend siegten die Rehe. Sie hatten den längeren Atem, mehr Zeit, die besseren Nerven, sie blieben einfach liegen, wo sie lagen, und ließen uns sitzen auf unserem hohen Sitz. Den Jäger bekümmerte es nicht. Er kannte die Rehe gut und setzte auf ihre Natur, ihren periodischen Hunger. «Alle zwei Stunden müssen sie fressen, irgendwann kommen sie raus.» Aber zeigten sie uns nicht an diesem Abend, dass sie es eine ganze Weile im schützenden Wald aushalten konnten? «Klar», nickte der Jäger, «sie haben da alles, was sie brauchen, Nahrung, Wasser, Deckung.»

Die Waffe quer über die Hochsitzkante gelegt, das Fernglas zur Hand, behielt er den freien Acker und den Waldrand scharf im Auge, ich gab mir Mühe, es ihm gleichzutun. Auch den Hund hatte er im Blick, wachsam lag er unten im Gras. Ein Geräusch drang jetzt herüber, ganz und gar verrückt, ein Wüten und Schreien, ein Mensch. Offenbar lief ein tobender Mensch in der Abenddämmerung durch den Wald. Das Gebrüll verstummte und kam nach einer Weile wieder auf, nun ein ganzes Stück weiter entfernt. Wer immer es war, er ging tiefer in den Wald.

Ein Betrunkener? Verirrte er sich, fand er so leicht nicht heraus. Wir wussten, es gab eine Psychiatrie in der Gegend, vielleicht war das die Erklärung. Der Jäger rief den Förster an und bat ihn flüsternd, sich bei der Polizei zu erkundigen, ob dort jemand vermisst werde. Bald rief der Förster zurück, nein, vermisst werde in der Psychiatrie niemand, aber man praktiziere dort die Schreitherapie, man schicke Patienten dafür in den Wald, auch bei Nacht.

Wir saßen eine Weile schweigend und auch etwas sprachlos da, und als das Schreien ausblieb, konzentrierten wir uns wieder auf den Wildacker und den Waldrand, die Ferngläser am Auge. Nach und nach nahm das Gespräch an Fahrt auf, um Familiäres ging es, um Berufliches, sogar um Politik. Alles Dinge, über die man auch geplaudert hätte, wäre man sich bei einer Abendgesellschaft in der Stadt begegnet. Aber auf dem Hochsitz redeten wir über all das flüsternd, immer wieder verstummend, um die Gläser zur Hand zu nehmen und Ausschau zu halten auf ein winziges Geräusch hin – war da was am Waldrand, oder war es nur eine späte Amsel?

Die Jagd wies den Dingen, über die wir sprachen, ihren Platz zu. Wir plauderten nicht, um Zeit totzuschlagen, es ging durchaus um ernste Dinge, aber es macht einen Unterschied, über sie zu reden und nur zu reden oder darüber zu sprechen, während man etwas ebenso Ernstes tut. Es war ein knappes Sprechen, die Konzentration, die der Jagd galt, übertrug sich darauf.

Stunden vergingen, und bei aller Spannung blieb Zeit, die Spiele des Abendlichts zu verfolgen. Immer wieder machte mich der Jäger auf sie aufmerksam. Wie letzte Sonnenstrahlen durch den Wald schimmerten und ihre goldgrüne Glut aufleuchten ließen. Auf das Verstummen der Vögel, als die Nacht unwiderruflich den Wald übernahm, so plötzlich, als habe jemand den Taktstock gesenkt. Auf die Füchsin mit dem kupierten Schwanz, die, kaum mehr sichtbar, über den Wildacker lief. «Woher wissen Sie, dass es eine Fähe ist?» – «Sie hat sich kurz hingesetzt beim Pinkeln.» Aha.

Er war auch so einer, er liebte das alles, das Schöne und das mitunter Skurrile. Nicht nur das eine, das man will und wählt und ergreift, sei es die Jagd oder den Forst oder sonst etwas. Er sei hier nicht aufgewachsen, erzählte er, aber doch oft hier gewesen als Kind und als Junge, so halte er es immer noch. «Wenn ich über den Fluss fahre, über die alte Grenze des Fürstentums, öffne ich die Autofenster, ich will diese Luft riechen.»

Das kannte ich. Lange noch, nachdem ich fortgegangen war, bog ich, wenn ich heimfuhr, unnötig früh von der Autobahn ab, nahm die Landstraße zur Fähre über den Fluss, am anderen Ufer lag der Wald, durch den ich heimkommen wollte und den ich von Kindheit an kannte, seine urwaldartigen Zonen vor allem, seine lichte Eichensavanne, den Konvent uralter Baumstämme, Riesen, jeder für sich aufragend aus brusthohem Farn. Über die alten Wege wollte ich heimkommen, das letzte Stück wenigstens, und nicht in einer Kapsel, jetzt öffnete auch ich die Fenster.

DAS REH

Wieder so ein Abend, wieder die Lust darauf, etwas zu sehen, bis in die Nacht zu sitzen, wieder ging ich zum Hochstand bei der Futterstelle. Und wenn es zu nichts anderem gut ist, sagte ich mir, dann eben zum Sitzen, so wurde das im Wald genannt. Im Unterschied zum Ansitzen, das tat der Jäger. Er wollte ein Stück schießen und hatte Waffe und Fernglas bei sich; wer saß, hatte nur sein Fernglas in der Hand, er wollte einfach nur sehen.

Wieder der Waschbär, ein besonders großer Kerl heute Abend, wie immer bewegte er sich in der Deckung. Und dann, wie ein Geist aus dem Nichts hingezaubert, das Reh. Vollkommen geräuschlos war es erschienen. Ich sah es nicht aus dem Dickicht treten, ich sah es erst, als es dastand und sicherte. Der Frühlingsausbruch hatte zartes Grün gebracht, fast golden schimmernd im Gegenlicht, seither war es prächtig weitergewachsen, das Buchengrün nun blickdicht, die Zweige schoben sich vor das Bild, das ich sehen wollte.

Vor Wochen noch war die Futterstelle vom Hochsitz aus gut sichtbar gewesen, jetzt war sie fast zugewachsen. Es galt, vorsichtig zu sein und dem Impuls, sich auffällig zu bewegen und zu weit hinauszulehnen, um bessere Sicht zu haben, zu widerstehen. Es war eine Ricke, und sie blieb eine volle Stunde. Der Wind stand gut, er wehte in meine Richtung, andersherum hätte es diese Stunde nie gegeben. In einer ruhigen Bewegung, wie ein Ast im Wind sich bewegt, hob ich das Fernglas.

Die schwarzen Augen. Lichter, sagten die Jäger dazu entgegen der Intuition, wenn es Lichter waren, dann Schwarzlicht. Die schwarze Schnauze. Faszinierend die schwarzgeränderten Ohren, immer in Bewegung, ständig sichernd. Ob sie misstrauisch dastand, bereit abzuspringen, sollte ihr irgendetwas missfallen, oder ihr Kopf beruhigt abtauchte, im Grün verschwand und sie Maiskörner auflas. Selten gab sie sich länger als eine halbe Minute dem Äsen hin, dann fuhr der Kopf wieder hoch. Ein Abend im Alarmzustand. Äsen hieß, sich in Gefahr zu begeben. Es war, wie der Jäger gesagt hatte, sie musste hinaus, die sichere Deckung des Waldes, des Liegeplatzes verlassen, alle paar Stunden meldete sich der Hunger, und weil die Sauen dem Mais fernblieben bis jetzt, nutzte sie die Gelegenheit. Manchmal fuhr sie auf. Manchmal stand sie, lauschte, witterte, sah sich um, zuckte auf einmal, als wolle sie springen. Beruhigte sich, stand noch einen Moment, bevor sich der Kopf wieder ins Gras senkte.

Dann zeigte sie ihren Trick. Scheinäsen. Sie stand wachend, dann tat sie so, als fühle sie sich sicher, machte sich wieder über die Maiskörner her, aber nur um plötzlich hochzufahren, unerwartet, alarmiert, sprungbereit. Mit dieser Täuschung versuchte sie, einen unerfahrenen Feind zu erwischen, der sich mit einer auffälligen Bewegung zu erkennen gab, während er sie ins Fressen vertieft glaubte. Diese Schulstunde des Sehens verging wie im Fluge, dann verschwand mein Lehrer, das Reh, so geräuschlos, wie es erschienen war, mit dem Unterschied, dass ich ihm nun dabei zusehen durfte. Genug Mais jetzt, wenige Schritte, leichter Absprung in die grüne Unsichtbarkeit. Pause.

Der Hase übernahm die nächste Stunde, ein langer, hagerer Kerl. Wäre er ein Mensch gewesen, er hätte einen schrulligen Lehrer in einem Gedicht von Wilhelm Busch geben können. Er hoppelte mitten auf den Waldweg, saß völlig frei und sichtbar unter meinem Hochsitz und schaute zu mir herauf aus seinen glasig-dunklen Großaugen, als wolle er dem Nachbarn da oben einen guten Abend wünschen. Er musste mich ausmachen, die Bretterwand des Sitzes verdeckte mich nur halb. Wir sahen uns an, und es geschah – nichts. Er ließ es dabei bewenden und widmete sich seiner Abendmahlzeit. Wandte sich hierhin und dorthin, zupfte Waldkräuter, Gräser, das Waldbuffet war reich bereitet. Ich musste an Berliner Abendempfänge denken, an den Typus des alten Buffethasen, der mit erfahrenem Blick abschätzt, wo die guten Sachen sind, und sich, hierhin greifend und dorthin, den Teller volllädt.

Der originale Hase hatte nun genug. Er ließ das Zupfen und schrubbte sich mit beiden Vorderpfoten das lange Hasengesicht. Dann tat er etwas, was ich noch nie gesehen hatte. Er machte Dehnübungen auf dem Waldweg. Streckte erst die Vorderläufe so weit wie möglich vor und krümmte das Hinterteil rücklings, dann andersherum – Brust raus, Hinterläufe rücklings strecken. Dann hoppelte er gemächlich davon, ohne mich weiter zu beachten, und verschwand im hohen Gras.

Ich hatte immer noch nicht genug gesehen und ging nicht geradewegs zur Hütte zurück. In der einsetzenden Abenddämmerung schlug ich mich ins Weglose, stieg eine Anhöhe hinauf, die der Sturm gerodet hatte, und ging auf dem Kammweg weiter, bis ich die Stelle erreichte, die freie Sicht ins Land bot. Im Westen leuchtete ein schmaler Tagrest am Horizont, und vor dem regengrauen Himmel darüber zuckten die Blitze der Windräder. Ich hatte immer noch nicht genug. Wo es rot blitzte, lag ein Dorf, im Gasthaus dort gab es etwas zu essen und zu trinken, da wollte ich hingehen. Als es längst Nacht geworden war, lief ich zurück, durch die Felder, am Forsthaus vorüber, es brannte noch Licht, in den Wald hinein und zur Hütte. Dunkel und lichtlos lag sie unter den Buchen, mehr Ahnung als Wirklichkeit.

ERNSTE SPIELE

Mit dem Sommer kamen die Feste, meist die der Schützen. Auch das der Hütte nächstgelegene Dorf feierte sein Schützenfest, zu dem man mich beim Osterfeuer eingeladen hatte, und weil es nur alle drei Jahre stattfand, war die Vorfreude groß. Dann war der Tag da, die I. und die II. Schützenkompanie marschierten auf der Wiese am Schützenhaus auf, befehligt von berittenen Offizieren. Den drei Rappen und dem Schimmel, alles andere als trainierte Militärpferde, waren die vielen Leute und das ungewohnte Zeremoniell nicht geheuer, sie sahen nicht ein, wieso sie jetzt stehen, nun gehen, wenden und wieder stehen sollten, manche stellten sich quer, andere grasten oder wurden unruhig und mussten am Zügel genommen oder eine Weile beiseitegeführt werden, um es dann noch einmal zu versuchen.

Und wie mit den Pferden war es mit den Menschen. Das Fest changierte zwischen heiligem Ernst und heiterem Unernst, mancher neigte dem einen zu, mancher dem anderen und mancher dem Bier. Die geschulterten, auf Befehl präsentierten, losmarschierend abermals geschulterten und später an den langen Festtischen achtlos niedergelegten Holzgewehre der Schützen hatten etwas Spielzeughaftes. Das Mikrofon funktionierte nicht gleich, was der Ansprache eine fröhliche Konfusion verlieh.

Eine schulterfreie Hofdame trug ein Sternbildtattoo, und der scheidende Schützenkönig wünschte in seiner Abschiedsrede allen, die am Ausschießen des neuen Königs teilnahmen, eine ruhige Nacht, bemerkte den Fehler und korrigierte sich: «Ich meine natürlich eine ruhige Hand.» Daran nahm niemand Anstoß, im Gegenteil, es hob die Festlaune beim König und bei seinem Volk. Dann der Ernst, die Befehle wurden gegeben:

> «Augen geradeaus!»
> «Gewehr über!»
> Und dann: «Rhabarber über!»

Das galt der Frauenkompanie, auch sie gab es, und sie war mit Rhabarberstangen statt mit Holzgewehren bewaffnet. Nun waren alle auf der Wiese angetreten, die Kompaniechefs machten Meldung an den berittenen Offizier.

> «Herr Oberst, I. Kompanie angetreten.»
> «Herr Oberst, II. Kompanie angetreten.»
> Vom Pferd herab: «Guten Tag, Schützenbrüder!»
> Von der Wiese: «Guten Tag, Herr Oberst!»

Ernst und Unernst, Arm in Arm. Von ihrer Bank im Schatten foppten ein paar Männer den vorüberreitenden Schützenoberst, der im gewöhnlichen Dorfleben ihr Nachbar war: «Herr Oberst!» Der lachte mit ihnen, alle spielten das Königsspiel in diesen drei Tagen. Sie spielten es mit allem Ernst, und manchmal traten sie neben sich und amüsierten sich darüber, aber immer kehrten sie ins Spiel, in ihre Rollen zurück. Es gefiel ihnen, der Herr Oberst zu sein, die Hofdame, der König, sie wuchsen in ihre Kleider hinein.

Was doch eine gutsitzende Uniform aus einem Mann und ein elegantes Abendkleid aus einer Frau machen konnten. Einer der Berittenen hielt sich so gerade zu Pferde, seine Uniform saß ihm so gut, so sehr ging er im Spiel auf, in der Haltung, im Ausdruck, im Ernst, dass da ein wirklicher schneidiger junger Oberst geritten kam und die Blicke auf sich zog, was er natürlich bemerkte und ihn umso mehr ermutigte, es zu sein.

Als ich meinte, mich mit dem alten König ein wenig unterhalten zu dürfen, schließlich war es der Tag nach seiner Abdankung, und er wurde statt wie zuvor in der Kutsche nun in einem Bollerwagen durchs Dorf gefahren, holte ich mir eine formvollendete Abfuhr. Den plumpen Versuch, mit dem König zu plaudern, verwandelte er in eine Audienz. Er saß in dem albernen Bollerwagen, aber blieb mit jeder Faser König und dachte nicht daran, aus der Rolle zu fallen, bevor sie ganz ausgespielt war.

Er und seine Königin hielten ihre royale Würde aufrecht bis zum letzten Augenblick, bis zum letzten Königstanz. Er führte sie mit seinen weißen Handschuhen und Zylinder, sie ließ sich führen in ihrem Abendkleid mit Schleppe, pfingstrosenrot. Sie tanzten jetzt ganz allein im weiten Saal des Schützenhauses, die Kapelle spielte Que Sera und die Waldeslust, alles hielt Abstand und klatschte den Takt mit. Was für ein Paar. Etwas war in der Luft in diesem Moment, etwas verwandelte das, was es war, ein Schützenfest auf dem Dorf, einem sehr kleinen hinterm Wald mit knapp zweihundert Bewohnern, in etwas anderes für einen Tag.

Wie hatte der König sich ausgedrückt in seiner kurzen Audienz? «Die Leute schauen einen anders an», hatte er gesagt und: «Eine große Zeit im Leben, die jetzt endet.» Ein Spiel, ja, aber ein ernstes. Er wusste es. Und der Saal ahnte es wenigstens. Der Königstanz war ein Augenblick, in dem das deutsche Seelentürchen einen Spalt weit aufstand und mich eine deutsche Sehnsucht sehen ließ.

Die Uniform konnte noch mehr. Auch unterhalb des Königsheils hatte sie die Macht, Menschen zur Kenntlichkeit zu verwandeln. Sie formte Typen. Ich sah den frechen Bauernsoldaten, den grünen Schützenhut schief auf dem Kopf, das lockige Haar nicht bändigend, im Gesicht ein spöttisches Grinsen. Sah den dicken Kanonier, der seine Dame herzhaft zupackend zum Tanze führte. Sah den Schwarzen Peter mit der schönsten der Hofdamen tanzen, ein Mannsbild mit goldenen Tressen, breiten Schultern und dunklem Teint, keinem stand die schwarze Feder am Hut so gut wie ihm, dem Verführer, dem schwarzen Hahn.

Es war oft dieser Hut mit der einseitig hochgeschlagenen Krempe und der Feder, kokett ins Hutband gesteckt, weniger der Uniformrock, der einem Mann mit einigermaßen wachem Gesicht und Körperspannung etwas Kühnes, ja Verwegenes gab. Wem diese Verwandlung zuteilwurde, der wusste es, es war ihm anzumerken, er erwarb eine neue Kühnheit. Wie der König gesagt hatte – er wurde anders angeschaut und traute sich was.

Auch der Förster war Schütze, auch er marschierte mit, und auch sein Charakterbild ließ die Uniform schärfer hervortreten. Die zwei passten nicht gut zueinander, er war kein Mann fürs Glied. Ihn marschieren zu sehen, das Holzgewehr an der Schulter, war ein seltsamer Anblick. Er schoss ja wirklich und besaß echte Waffen, er war Jäger. Irgendwann beim Umzug fehlte sein Holzgewehr, jeder andere Schütze seiner Kompanie trug seines. Es war ihm kurz abhandengekommen. Und was die Uniform anging, sie saß mäßig, ich hatte nicht den Eindruck, dass er sich darin wohl fühlte. Andere Schützen marschierten, paradierten, nahmen Haltung an, gaben Befehle oder befolgten sie und gewannen in ihrer Uniform. Gewannen tatsächlich Statur. Er nicht. Er brauchte die Uniform nicht, um etwas zu sein, die Statur blitzte aus seinen Augen, aus seiner Schlagfertigkeit, seiner Tatkraft. Ein freier Geist.

Beim Königsschießen ging es so zu: Mit einem am Schießstand außerhalb des Dorfes fest installierten Kleinkalibergewehr wurde aus fünfzig Meter Entfernung auf vier Scheiben geschossen. Wer die höchste Punktzahl erreichte, also möglichst oft ins Schwarze traf, war der neue König. Auf dem Weg dorthin begegnete ich dem Herold des alten Königs, gestern hatte er Frack getragen, nun trug er Zivil und das Herz auf der Zunge. Als er hörte, dass ich aus der Stadt komme, erklärte er mir den Unterschied zwischen Stadt und Land. «In der Stadt bist du, wenn du fünf Bier getrunken hast, ein Alkoholiker. Im Dorf bist du der Fahrer.»

Das Dorf lebte in diesen drei Tagen ganz für das

Fest. Häuser und Gärten waren mit frischem Grün und Fahnen geschmückt, wer fortgezogen war, kam zum Fest in die alte Heimat. Ich hatte nachgerechnet. Zwei Kompanien, dazu Offiziere und alte Herren, das machte knapp die Hälfte der hundertachtzig Dorfbewohner. So gut wie alle Männer im Dorf, von jung bis alt, mussten Schützen sein. Der Herold bestätigte es mir, praktisch jeder trete nach der Konfirmation, also ab vierzehn, dem Schützenverein bei.

Zwei junge Schützen beobachteten das Königsschießen, ein Großer, vielleicht siebzehn, und ein Kleiner, ein paar Jahre jünger, noch fast kindlich:

Kleiner: «Schießt du mit?»
Großer: «Ja.»
Kleiner: «Machst du sie alle platt? Wirst König?»
Großer: «Will ich nicht. Werd du doch.»
Kleiner: «Hast du 'ne Freundin? Brauchst du als König.»
Großer: «Ach, die stellen die dann schon. Oder mach du das, siehst aus wie 'n Mädchen.»
Kleiner: «Nein, ich hab kurze Haare!»
Großer: «Kriegst 'ne Perücke.»
Kleiner: «Nein, ich seh nicht aus wie 'n Mädchen!»
Großer: «Doch, 'nen dicken Bauch hast du auch.»
Kleiner: «Auch mit Perücke und dickem Bauch seh ich nicht aus wie 'n Mädchen!»
Großer: «Aber Fußball spielste wie 'n Mädchen.»

Der Kleine trat nach ihm. Er hatte sich mit dem Großen, den er wohl etwas bewunderte, anfreunden wollen. Der

Große ging fort, lachend. Er hatte sich einen Spaß mit dem Kleinen gemacht. Ihn sah ich wieder, später am Schießstand. Er schoss gut, ein weißes Röhrchen nach dem anderen zerplatzte, er traf fast jedes Mal, und mit jedem Treffer heilte die kleine Wunde, die ihm der Große beigebracht hatte, ein wenig mehr, jedenfalls stellte ich mir das vor, wenn ich an die Wunden dachte, die ich mir zugezogen hatte, als ich etwa so alt war wie er.

Es hätte dem Fest etwas gefehlt, wäre nicht der alte Fürst erschienen, der wirkliche. So war es Tradition, nicht nur in diesem Dorf. Er kam mit seinem Sohn, dem Erbprinzen, der immer mehr solch populäre Pflichten übernahm. Sogleich waren die beiden von Schützen umringt, die sie zum Königstisch führten. Dies Schlussbild vor Augen, verließ ich das Fest und ging zur Hütte. Es war Abend geworden, letztes Sonnenlicht auf dem Waldweg, ferner Lärm vom Schützenball her, Blasmusikfetzen.

Nach und nach wurde es stiller. Nun war der Wald ein Kammerspiel. Ich hörte jedes Blatt fallen, jeden Maustritt im Laub, jedes Tropfen, ich saß im Innersten der Welt. Die Kronen der Buchen ließen mich ein Stück Himmel sehen, ein Flugzeug zog einen hellgrauen Streif übers Blau. Der Himmel war jetzt heller als die Erde, als die angebrochene Nacht.

DER PAKT

Während hier draußen der Sommer siegte, das Leben, versiegte es in dem Zimmer, in dem sie lag, in einem langen Ausatmen. Für mich hatte ich den Wald haben wollen, nun teilte ich ihn mit ihr, und es war gut. Weil ich in den Wald gezogen war, konnte ich so oft zu ihr gehen, war ich ihr in diesen Tagen des Abschieds so nahe, wie sie es sich im Leben gewünscht hatte, als der Sohn den anderen Weg einschlug, den Weg fort.

Stille Stunden. Bei ihr sitzend, ihre Hand haltend, ihr einige Schlucke Kaffee gebend mit dem Teelöffel. Jemand hatte mit den Dingen gespielt, sie waren vertauscht. Ich tat für sie, was sie für mich getan hatte, als ich Kind war. Gespielt, vertauscht, was für Gedanken. Jemand hatte die Welt so eingerichtet, auch das war gut so. Sie nahm Anteil an allem, aber wie von fern, ohne Sorge nun, ohne das leiseste Drängen, ohne die Ratschläge und Ermahnungen, ohne die es noch bis vor kurzem nicht gegangen war. Anfangs sprach sie noch hin und wieder, stellte eine Frage, deren Präzision verriet, wie sehr sie noch Anteil nahm an dem, was draußen geschah, im Leben. Dann kam die Zeit, als das Sprechen allmählich versiegte und endete, ein Wort noch ab und zu, ein «Mach's gut» beim Abschied, dann blieb auch das ungesagt.

Nun kam die Zeit der Blicke, der Hände. Sie musste mich ein wenig suchen, nachdem ich den Raum betreten hatte, bis sie mich fand, und wenn sie mich lange genug gesehen hatte, ohne den Blick von mir zu wenden, ohne den Wunsch, unbedingt etwas sagen zu wollen, ließ sie mich wieder los und schaute auf etwas, das ich nicht sah, noch nicht. Wir sprachen jetzt wortlos. Sie nickte auf eine Frage hin und winkte mir, wenn ich ging. So stand es um sie. Sie lag in diesem stillen Zimmer, das sie nicht mehr verließ, und ging doch schon ein und aus.

Ihre Kraft, die niemals zu enden schien in ihrem langen Leben, war noch bei ihr, der Händedruck warm und fest wie zuvor, er ließ mich nicht los, anders als der wandernde Blick, er war es, der uns noch band. Nicht mehr die Augen, nur noch die Hand. So vergingen die Stunden, viel mehr geschah nicht, und es machte sie kostbar. Wir hatten nun alle Zeit, die wir im Leben nicht gehabt hatten, nichts störte mehr. Wir waren in unserem Wünschen und Wollen gefangen gewesen, alle beide, nun waren wir Freie.

Dachte ich an ihr Leben, fiel mir ein Wort ein, Lebenstapferkeit. Aus ihr hätte, wie man sagt, etwas werden können, sie besaß alle Gaben. Geist, Kraft, Intelligenz, von allem reichlich, eine manchmal überwache Intuition, die sie hellsichtig machte für Dinge, die ich nicht sah oder nicht sehen wollte, weil es Ideen über die Welt widersprach, die ich mir in den Kopf gesetzt hatte, aber heimlich gab ich ihr recht. Ihre Hellsicht, mitunter auch dort, wo sie nicht geboten war, konnte in Überängstlichkeit umschlagen, wenn sie spürte, dass sie überhaupt nicht durchdrang und ich meinen Trotz zu weit trieb.

Es gibt ein Foto von ihr als junger Frau. Im taillierten weißen Kleid, das Haar hochgesteckt, leuchtet sie aus dem dunklen, etwas unscharfen Bild heraus, vor dem Haus steht sie, zwischen den Torpfosten mit den kleinen Spiegeln, den linken Arm um ein Nachbarkind gelegt, einen kleinen Jungen, zwischen ihr und ihm versteckt sich ein kleines Mädchen. Der Junge lacht übers ganze Gesicht, es gefällt ihm, neben dieser schönen Frau zu stehen und fotografiert zu werden. Und sie lacht auch, nicht kindlich frei heraus wie der stolze Kleine neben ihr, aus ihr glüht das Lachen hervor. Glücklich sieht sie aus, jung, schön und wie eine, die etwas vorhat und um ihre Stärke weiß.

Das Foto kann nicht lange vor meiner Geburt aufgenommen worden, sie nicht viel älter als Anfang zwanzig gewesen sein. Eine junge Frau aus einer anderen Zeit, als jüngstes ihrer Geschwister dazu ausersehen, dereinst für die Eltern da zu sein, im Alter. Und doch – eine junge Frau im Frühling ihres Lebens. Sie erhielt keine Ausbildung, anders als ihre älteren Brüder, dafür erbte sie das Haus. Das war der Pakt. So dachte man, so handelte man in ihrer Zeit. Sie war die Letztgeborene, und sie zahlte den Preis.

Dass sie diesen jungen Mann kennenlernte, den der Krieg, in den er mit siebzehn Jahren hatte ziehen müssen, aus seiner Heimat gerissen hatte, einer großen, reichen Stadt im Osten, in die keine Rückkehr möglich war, einen, der eigentlich studiert hätte und das nun nachholen wollte, einen also, der nicht bleiben würde, einen, der fortging, das stellte den Pakt infrage, den sie erfüllen sollte. Wäre sie mit ihm fortgegangen, in eine große Stadt im Westen, hätte sie ihre Eltern im Stich gelassen. Blieb sie, gab sie ihn auf. Sie blieb.

Vielleicht war der Pakt nicht der einzige Grund zu bleiben, aber ein gewichtiger war er sicher. Einer, der das Sittengesetz des Landlebens damals gut kannte, erklärte es mir später in einer eindringlichen Formel: «Wer erbt, der quält sich, wer sich quält, der erbt, so war das hier immer.» Es war der Dorfpfarrer, der das sagte, und wie recht er hatte, wusste ich nur zu gut, auch wenn es mir bis dahin nie jemand in so lateinischer Härte klargemacht hatte.

Sie hätte leicht heiraten können später, einen anderen, nicht nur besaß sie das Haus, sie blieb eine gutaussehende Frau, immer noch jung, jünger als in den Kinderaugen ihres Sohnes. Sie tat es nicht. Sie hielt alles fern, was sich bewarb. Erst als der Sohn aus dem Haus war, änderte sie ihre Haltung. Sie erklärte es mir, viel später. «Ich wollte dir keinen fremden Vater zumuten.»

Den Pakt, sie hätte ihn sprengen können, niemand vermochte sie daran zu hindern. Sie tat es nicht, sie erfüllte ihn ganz. Harte Arbeit, Dienst an den Eltern, Sorge für den Sohn. Die Welt, aus der sie kam und der sie angehörte bis ans Herz hinauf, hatte nichts Südliches an sich, gar nichts, die Rübenäcker und die Wälder nicht und nicht die Nebel im Herbst und die langen Winter, und sie war doch von sizilianischer Härte. Ihr beugte sie sich, gab das Geforderte, aber sie beugte auch das Harte und gab, was sie zu geben hatte, auf ihre Weise – viel mehr als gefordert.

Eine Jury der Jetztzeit spräche ein hartes Urteil über ihr Leben und über sie selbst: es nicht gelebt zu haben, nicht ihres. Anders kann das Urteil nicht ausfallen, wo es gilt, das Leben zu leeren bis zur Neige, alles herauszuholen bis auf den letzten Tropfen, ja nichts zu verschütten, jeder für sich. Sie hätte das nicht verstanden. Es gab eine Zeit zu ernten, und es gab eine Zeit zu dienen, vom Leben nur das eine zu fordern, wäre ihr wie ein Frevel erschienen, eine Verrücktheit. Sie dachte größer, ein Leben weiter. Sie erfüllte den Pakt, ihren Teil daran, wie die Generationen vor ihr. Das Leben teilte ihr manches zu und anderes nicht oder noch nicht, und was sich ihr nicht erfüllte, so hoffte sie, würde sich ihrem Sohn erfüllen.

Der erging sich einstweilen in jugendlich-rebellischen Späßen. Er spürte deutlich, die alte Zeit endete, eine neue kam, er würde dabei sein. Manchmal, wenn er sich umsah, zerriss es ihn, die Mutter in ihrer Welt zurückzulassen und ihr nicht beizustehen, aber was sie von ihm erwartete, konnte er nicht erfüllen. Es hätte bedeutet, alles, wohin es ihn zog, abzuschneiden. Der Pakt, er ahnte es – er würde derjenige sein, der ihn aufkündigte und verriet.

Einmal kam die Polizei ins Haus, um seine Aussage aufzunehmen, es ging um eine Rauferei bei einer Schülerdemonstration in der Stadt. Ein Zeuge behauptete, er sei daran beteiligt gewesen und habe auch Sachen beschädigt. An dem Tag war er mit Freunden unterwegs, und als er abends heimkam, sagte sie ihm, zwei Polizisten seien da gewesen, sie wollten am Tag darauf wiederkommen. Sie beschwor ihn, diesmal daheim zu sein und es nicht auf die Spitze zu treiben. Er war daheim. Er hatte sich eine Zigarre gekauft, die steckte er an, als die Polizisten kamen, und bat sie ins Wohnzimmer. Sie wartete nebenan in der Küche auf den Ausgang der Sache.

Ein Polizist befragte ihn, der andere tippte seine Aussage in die Reiseschreibmaschine. Er formulierte einen Satz, tat einen Zug an der Zigarre, dachte lange nach und änderte die schon getippte Formulierung. Der Polizist hatte seine Mühe mit dem Tippen, er war froh um jeden fertigen Satz. Nun musste er all die mühsam getippten Wörter ausixen und andere tippen, es quälte ihn, aber der Befragte sollte ja am Ende seine Aussage unterschreiben.

Der sah sich im Recht. Der Zeuge, den er nicht kannte, hatte ihn denunziert oder sich jedenfalls geirrt – bei der Demonstration war er gewesen, bei der Rauferei nicht, er hatte eine solche nicht einmal bemerkt. Rauchend sah er dem Polizisten zu, wie er den neuen Satz in die Maschine meißelte. Sie aber saß in der Küche und betete, dass es gut ausginge.

Es ging gut aus, die Sache verlief im Sand. Aber die Polizei im Haus, der Sohn unter Verdacht, das setzte ihr zu – dieser Sohn, den sie bis hierher gebracht hatte, der nie anders als tadellos gekleidet zur Schule gegangen war, dessen Hemden sie gebügelt und dessen erste Fäustlinge sie selbst gestrickt hatte, der ein so guter Schüler gewesen war, dass der Lehrer ihr zugeredet hatte, ihn aufs Gymnasium zu schicken, und sie hatte auch das auf sich genommen. Dieser Sohn, ihr erstes Ziel im Leben, wurde nun nebenan von der Polizei verhört, und sie saß in der Küche und konnte nichts tun.

War sie wütend auf ihn? Ja. Bereute sie, was sie für ihn tat? Nein. Sie würde es wieder tun.

Er wusste das alles. Die Angeberei mit der Zigarre täuschte, es ging ihm nicht gut dabei. Er würde es nie wieder so weit treiben. Andererseits, er war jung, die Gefahr zu touchieren, gefiel ihm. Näherte man sich ihr, färbte etwas von ihr auf einen ab, und das wiederum strahlte aus, auf die Gleichaltrigen, auf die Mädchen besonders. Das wusste er nicht, er hätte es nicht zu sagen vermocht, aber er spürte es, und das war genug. Doch sosehr er sich in seinem Rebellentum sonnte, insgeheim schämte er sich, es ihr anzutun, ausgerechnet ihr. Er hätte sich einen stärkeren Gegner gewünscht, mit dem er hätte kämpfen können, dieser Gedanke kam ihm manchmal.

Und sie sich einen Sohn, der den Pakt erfüllte. Einen, der nicht den Verrücktheiten der Zeit hinterherlief, den es nicht fortzog, der hierblieb oder doch in der Nähe, der da war, wenn er gebraucht wurde, so wie sie da war, wenn sie gebraucht wurde, und der dafür eines Tages das Haus erbte. Der in den Pakt all der Generationen vor ihnen eintrat. Der Pakt hieß: Der Stärkere sorgt für den Schwachen, ganz am Beginn und ganz am Ende des Lebens, so wie für ihn gesorgt wurde als Kind und gesorgt werden wird, wenn er dereinst alt und schwach ist. Er tat es nicht. Er trat nicht in den Pakt ein. Vor sich sah er die leuchtende Straße, das alles hier würde bald hinter ihm liegen, das kleine Leben, das große wartete schon. Er war der Junge, der am Fenster gestanden und sich weit fort gewünscht hatte. Er sah diese Straße, dieses Leuchten, dem zu entsagen er nicht die Kraft hatte.

Einmal, in einer unerklärlichen Regung, ging er in ein Kloster, in ein besonders schönes, an einem Strom gelegen, wo dieser noch jung ist. Man konnte dort einige Tage bleiben oder auch länger und das Leben der Mönche teilen. Er schaffte es nicht einmal über die erste Nacht. Kurz bevor um neun Uhr abends die Pforte verschlossen wurde, packte ihn eine Unruhe, er nahm seine Sachen und rannte davon, unter dem seltsamen Blick des Mönchs mit den Schlüsseln. Es war Sommer, ein herrlicher Hochsommer, wieder wartete da etwas auf ihn, jedenfalls glaubte er das. Und wie mit dieser einzigen Nacht im Kloster war es mit allem, auch mit dem Pakt. Als Erster in einer langen Reihe erfüllte er ihn nicht. Er ging fort.

Die Nacht nach dem Besuch bei ihr verbrachte ich im Haus. Es gab ein Zimmer, das ich nie beachtet und auch nicht recht verstanden hatte, es schien keine Funktion zu haben, eine Couch, auf der nie jemand saß, ein kleiner Tisch, auf dem nichts lag, zwei Kommoden, nie geöffnet. Ich öffnete sie und fand die Geschenke, die ich ihr gemacht hatte. Sie hatte sie alle aufbewahrt. Nicht die kindlichen der frühen Jahre, sie standen immer noch in der Küche oder hingen an den Wänden. Salzstreuersets und Aquarelle von Singvögeln. In der Kommode verwahrte sie die späteren Geschenke, die großen, weichen Schals fand ich, die sie nie getragen hatte oder nur wenn ich sie darum bat, einen ganzen Stapel teurer Schals. Und Schmuck, den ich ihr geschenkt hatte, zu Weihnachten oder zum Geburtstag. Und Fotos, aufgenommen bei der Reise ans Meer, auch ein Geschenk.

Und den Pelzkragenmantel, der ihr so gut stand. Sah ich sie darin, sah ich die Frau, die sie hätte sein können, hätte sie es gewollt. Sie trug den Mantel nur, wenn sie mich in der kalten Jahreszeit in der Stadt besuchte, daheim nie. Sah man sie in diesem Mantel vor ihrem Haus ins Taxi steigen, wusste man, sie fährt zum Sohn. Der elegante Stadtpelz steckte in einem Schonüberzug. Der unbeachtete, etwas sinnlos wirkende Raum war ihre Wunderkammer. Hier hatte auch das Bild gehangen, das ich an mich genommen hatte. Junge mit ernstem Blick in Lederhose und selbstgestricktem Pullover.

Daran dachte ich, als ich wieder vor der Hütte saß, und der Unterschied schien mir auf einmal gar nicht groß zu sein. Die Stille hier und die Stille dort bei ihr, nur dass es hier Sommer wurde, und ihr Jahr ging zur Neige. Bis ins hohe Alter hatte sie in ihrem Haus gelebt. Sie hielt das Haus, und das Haus hielt sie. Dann kam der Tag, an dem sie sagte, es geht nicht mehr. Alle Kraft zusammennehmend, sich selbst auch, hatte sie diesen Tag von sich fortgerückt, noch ein Stück und noch eins, weiter als es alle Vernunft gebot.

Sie liebte das Haus, dessen natürlicher Erbe sein Erbe nicht antrat, sie liebte den Garten. Sie stürzte und stand wieder auf, mehr als einmal. Zuletzt fand man sie nach dem Gang zum Friseur mit einer Kopfwunde auf der Bordsteinkante, am Tag vor dem Auszug aus ihrem Haus. Sie hatte nicht unfrisiert gehen wollen.

SOMMERREGEN

Aus dem Zimmer in den Wald zurückzukehren und nicht zwischen wieder andere Wände, war ein Glück. Nichts erstarrte hier draußen, vielleicht lag es daran. Selbst wenn es still wurde, war es eine andere Stille als im Haus. Ein Wind ging, legte sich, ging wieder, flog als Rauschen durch die Baumkronen oder bewegte nur einen einzelnen Zweig, während alles um ihn her unbewegt blieb. Dann sah es aus, als schliche etwas durch den Wald. Und stand der Wind einmal restlos still, hörte ich das helle, wie beiläufige Geplauder der Waldvögel umso besser.

So allein ich hier sein konnte, tagelang, wenn ich wollte – der Wald war kein guter Ort, um allein zu sein. Ich dachte an ein Bild aus der Stadt, in der ich sonst lebte, das Gesicht des alten Mannes in einem der vielen Fenster eines hässlichen, billigen Wohnhauses dem Café gegenüber, in das ich manchmal ging. Nichts als eine große Menschenschachtel war dieses Haus, gestapelt aus einem guten Dutzend kleiner Schachteln. In jeder von ihnen ein Leben, zu betrachten durch die gläserne Schauseite jeder Schachtel zur Straße hin – große, schmucklose, lange nicht mehr geputzte Fenster wie das, hinter dem dieser alte Mann lebte, dem ich von meinem Platz vor dem Café aus zusah. Manchmal murmelte er, eine müde Geste dann und wann, oder er lief in seinem Raum auf und ab, aber meist war er einfach am offenen Fenster und schaute dem Treiben der Welt zu, an dem er keinen Anteil mehr hatte, ein Eremit in der Wüste aus Lärm.

Nichts hier war so. Meine Eremitage lag in der Stille und doch im Leben, es langte von allen Seiten nach ihr – übers Fenster strich der Buchenzweig, auf dem Dach rumorte ein Tier, der Wind schlug mir das Tor vor der Nase zu oder riss es weit auf, ganz wie er wollte, im Wald bellte ein Bock, heulte ein Harvester. Wie gern hätte ich sie noch einmal in den Wald geholt, ihr einen Kaffee gekocht vor der Hütte. Zu spät. Die letzten Wochen verstrichen, dann die letzten Tage, der Abschied, ich wusste es, er kam näher und näher.

Ich ging zu Elisabeth, in ihre Kapelle, ich ging in den Wald, ich sagte es denen, die mir vertraut geworden waren im Lauf des Sommers, ich sagte es kurz, und es war gut. Auch bei anderen spürte ich es, ich war nicht der Einzige, der eine Sorge mit sich herumtrug, auch bei anderen ging es um Leben und Tod. Man sprach es an, keineswegs waren die Waldgänger empfindungslos, aber man hielt es kurz, hielt diese Empfindungen an kurzer Leine, erlaubte es ihnen nicht, einen wegzureißen, man erzog die Trauer wie einen Hund. Kein nächtelanges Gebell und Geheul, kein wildes Toben.

Wie geht's ihm denn – oder ihr?
Ja, so und so.
Nicken, eine Nachfrage vielleicht, eine Antwort.
Dann alles Gute, viel Kraft.

Danke.

Weiter ging's mit dem Waldwerk.

Und wurde es mir einmal allzu still bei der Hütte, war da etwas, das rausmusste und wollte, ging ich die paar Schritte zur offenen Scheune und zog die Axt aus dem Klotz; dann klang ein fast regelmäßiger Schlag durch den Wald, ein Hauen und Splittern und dann der Refrain, das befriedigende, trockene Holz auf Holz, wenn wieder ein Scheit auf den Stapel geworfen wurde, einer nach dem anderen. Nach einer Stunde hieb ich die Axt wieder in den Klotz, sackte auf die Bank vor der Hütte, betrachtete den ein gutes Stück in die Höhe gewachsenen Brennholzstapel, und das Wort eines Freundes fiel mir ein, der in Momenten wie diesem sagte: Das Leben ist kein Dreck, oder? Nein, ist es nicht.

Der Wald besaß die Fähigkeit, sich zu verwandeln. Mal war er die Weite, ein Wehen und Gehen, ein Heranbrausen und Fortwogen gegen unendlich, mal eine Kammer. Jeder Ton kristallin scharf und nah, in Studioqualität, jedes Waldgeräusch so trocken hingestellt, das Knacken eines Ästchens, der Ruf des Rotkehlchens auf seinem Zweig, als ziehe ein Toningenieur die Regler, das war die Kammermusik des Waldes. Und meinte ich, seine Wandlungen zu kennen, überraschte er mich mit etwas, das ich noch nicht kannte.

Es war ein heißer Tag, windstill, schwül, gegen Abend kam ein Rumoren auf, nicht aus der Höhe, nicht aus der Weite. Es kam gezogen wie ein Heer auf seiner Straße, näher und näher, lauter und lauter, auf meine Hütte zu.

Auch an linden Tagen rollte ab und zu ein leises Donnern hoch überm Wald dahin, ich hörte es und hörte es nicht, wie das Geraschel der Waldmäuse im Laub. Das waren fremde, an die meine nur grenzende Sphären, unter mir die Mäuse, über mir die Luftfahrt. Was jetzt heranbrauste, wollte nicht in seiner Sphäre bleiben, es griff an.

Die Abendsonne zog sich vorsichtshalber hinter Wolken zurück, das heitere Grüngoldspiel in den Buchen erlosch, der Sonnenteppich auf dem Waldweg wurde rasch eingerollt, der ganze Sommerabend. Eine Böe, ein starker Wind? Nein, kein Wind, die Luft stand immer noch still. Das Brausen war der Regen, jetzt war er über mir. Ein harter Regen, keiner wie sonst. Erste Tropfen schlugen ein, in den ausgetrockneten Boden, in die Buchen, einige trafen mich, es fühlte sich an wie die Zwillenmunition, mit der wir uns als Kinder beschossen hatten.

Alles um mich her ließ sich besiegen, in Sekunden füllten sich staubtrockene kleine Senken, nur die große Buche leistete hinhaltenden Widerstand. Unter ihr im Trockenen stehend, zählte ich die Sekunden, die der Regen brauchte, um durch ihre zigtausend Blätter zu dringen. Ich zählte und zählte, noch immer kämpfte er sich durch die Krone, durchs Laub. Noch immer stand ich trocken unter ihr. Vom Tisch vor der Hütte spritzte es nur so hoch, die Wildwiese dampfte, der Bonifatiusweg verflüssigte sich zum Rinnsal.

Wie es roch. Die Hitze der letzten Tage hatte die Aromen des Waldes eingestaubt und betäubt, der Regen schlug sie frei. Ich lief zur Wiese, war nach wenigen Schritten klatschnass und roch den herbsüßen Saft des Sommers. Sogar das harte Laub hielt nicht länger an sich und verströmte seinen lange eingelagerten Moderduft. Ich griff eine Handvoll und roch den Herbst. Nahm von der Asche meiner Feuerstelle und roch den Grund, warum ich immer noch keine Wildsau zu sehen bekommen hatte, trotz vieler Abendstunden auf dem Hochsitz. Wer roch wie ich, nach Asche und Rauch, der konnte Jahre dort hocken, ohne eine Sau zu sehen, sie witterten ihn bis zu den Kuhlen im inneren Wald, in denen sie lagen.

Das Brausen ließ nach und ging in einen Sommerregen über, unfassbar sanft, leicht, versöhnlich. Die Sonne kam hinter ihrer Wolke hervor und setzte den Himmel in Brand, die schwarze Regenwand im Osten färbte sie lackschwarz, durchglühte die Baumkronen und ließ die Kiefern erröten, als sei es das erste Mal.

JOHANNISNACHT

Sie war ganz ruhig am letzten Abend, ich war es auch. In diesen Stunden geschah, was im Leben nicht möglich gewesen war. Wir wollten nichts mehr, beide nicht, wollten nichts voneinander, den anderen nicht ändern noch ihm unbedingt etwas mitgeben, auftragen, dies eine noch für ihn tun oder ihm sagen. Es war nun nichts mehr zu tun, nichts mehr zu sagen, für beide nicht, nichts als hier zu sein. Es war alles getan und gesagt, es war gut.

Als das Reden endete, blieb das Anschauen. Als das Anschauen endete, blieb das Handhalten, bis auch das endete. Hier sein war alles, es vollenden. Dieses Zimmer, ich war dankbar dafür. Ein Raum, gelegen im Grenzland zwischen Leben und Tod, großzügig gewährt, so lange, wie wir ihn brauchten, kein Machenwollen, kein Hereinschieben von Apparaten, kein Pochen an der Tür – bitte zum Schluss kommen, die Besuchszeit endet jetzt.

Heimat gibt es im Physischen nicht, der Satz aus dem Gespräch im Schlossgarten ging mir nach, die Fürstin hatte ihn gesagt. Alles, was so sehr geliebt worden war, mühevoll gebaut und gehegt, das Haus, der Garten, das Erbe, der Sohn, all die zarten Details eines langen Lebens, die kostbaren Momente, die Neugeburt der Welt im gleißenden Märzlicht, die Sommer in vollen Zügen, die Herbstluft, die Nebeltage, die fahle Wintersonne, erste Reise, erste Liebe, erstes Kind, die Verluste nicht zu vergessen. Heimat gibt es im Physischen nicht. Ist es so?

Es hatte Momente großer Nähe gegeben, nicht unendlich viele, doch wozu gierig sein. Den Osterspaziergang, bei dem sie mir von Schrecken und Schönheit ihrer Kindheit im Krieg erzählte. Den Heimweg aus der Stadt, als sie mir von meinem Vater erzählte. Den Abend, als sie die Schachtel voller Zackenrandfotos, schwarzweiß alle, klein meist, herbeiholte und mir meine Herkunft zeigte, als Bildergeschichte. Ein Ururgroßvater, sehr fern, sehr fremd, langer weißer Bart bis hinab auf die Brust, der mit den Seinen die Ernte einfuhr, der Leiterwagen, überbordend beladen, das Pferdegespann, tiefes neunzehntes Jahrhundert.

Das nächste Bild in dieser sprunghaften, lückenhaften Erinnerung – Pfingsten 1900, so stand es auf den Fotos, denn es waren zwei. Ein doppelt belichteter Augenblick. Auf dem einen Foto die menschenleere Dorfstraße, auf dem zweiten, offenbar kurz danach aufgenommen, hatten die beiden Fotografen alles, was Beine hatte, aus den Häusern gerufen – dieselbe Dorfstraße nun voller Menschen. Aufgenommen hatten das Doppelbild zwei Vorfahren, zwei ins Ruhrgebiet ausgewanderte Ingenieure.

Die Bilder rückten näher an die Gegenwart heran. Die Kriege, eine Stube voller Soldaten im ersten, eine Kasernenstube im zweiten Krieg – die siegesgewisse Ausgelassenheit in der ersten, der beklommene Ernst in der zweiten Stube. In der ersten mein Großvater, in der zweiten mein Onkel Georg. Er kam nicht zurück. Dann Nachkrieg. Dann Gegenwart.

Sie ging in der Johannisnacht, der kürzesten des Jahres. Eine letzte Erfüllung – die Nacht mit dem wenigsten Dunkel, mit dem meisten Licht.

DIE SCHUBLADE

Das Haus und ich, wir wurden uns fremder. Was es gewesen war und hatte sein sollen, gedacht auf viele Generationen hin, gelebt in dreien, diese Bestimmung, sie löste sich auf, unaufhaltsam. Wenn ich in seinen Räumen stand, war es mir, als könne ich dabei zusehen, wie aus ihnen das Leben wich. Einmal setzte ich mich an meinen Jugendschreibtisch. Das hatte ich nicht mehr getan, soweit ich zurückdenken konnte, er stand in einem großen, aber wenig genutzten Zimmer in der oberen Etage. Die Tür zum Balkon offen, Abendluft strich herein.

Modern war mein Schreibtisch gewesen in einer Zeit, die Ballast abwarf, die aus dem dunklen Vergangenen ins Helle strebte, heraus aus den Verstrickungen, den Verlusten. Auch die Skeptischen, die den Glauben der Progressiven nicht teilten, man müsse nur fortschreiten, dann werde die Welt von Tag zu Tag heller und alles gut, kleideten und möblierten sich im neuen Stil. Der hatte Spaß daran, Dinge zu schaffen, die – befreit von der alten, blöden Eindeutigkeit – mehr als nur eines sein sollten. Ein Tisch ist ein Tisch, ein Haus ist ein Haus, das galt nicht mehr. Schaut her, was mein neues Haus, mein neuer Tisch noch alles kann. Man erfand die Mehrzweckhalle, das Mehrzweckgerät, das Mehrzweckmöbel – eine Pfiffigkeit fuhr in die Dinge, die ihnen die Gravität nahm. Sie witziger machte und zugleich praktischer auf doppelt und dreifache Art, die im Ernst niemand brauchte. Ein Schweizer Offiziersmesser, mit dem man auch Schrauben drehen und Konservenbüchsen öffnen konnte, mochte nützlich sein. Ein Tisch, der auch ein Bücherregal war, war eine Spielerei.

Noch mehr progressive Möbel zogen bei uns ein. Großvaters Schützengrabenskulpturen kamen in den neuen Wohnzimmerschrank mit eingebauter Bar, auch Elises Goldrandgeschirr verschwand darin, gezeigt in der Vitrine wurden die bunten Cocktailgläser der neuen Zeit. Der stockkonservative Sonntagsbratenduft strich nun um einen sachlich-modernen Küchenschrank mit eingebauter Stoppuhr und Steckdose. Und in mein Zimmer zog der neue Schreibtisch ein, der viel mehr hatte sein wollen als das und an dem ich nun wieder saß und die Eigenheiten wiedererkannte nach so viel gelebtem Leben, mit einer gewissen Rührung.

Das Auffälligste war seine Schaufront, das Bücherregal. Einige meiner alten Abenteuerromane standen noch immer darin. Ich strich über die Platte, auf der ich meine Hausarbeiten geschrieben hatte und in den großen Ferien an den Schulfreund auf Norderney, oder war es Föhr? Ich strich drüber und sah, wie abgenutzt sie war, wie zerkratzt, die Messinggriffchen an den Schubladen geschwärzt von der Zeit. Ich sah die Zerbrechlichkeit der ganzen Konstruktion, der progressiven Idee – so viel Wille, so wenig Sein, so ein Tischkasten auf so dünnen Füßchen, ein Wunder, dass er noch stand.

Die mittlere, die größte Schublade war verschließbar, der Schlüssel steckte, ich drehte ihn, er öffnete leicht, und zog die lange verschlossene Lade auf. Ich hatte gedacht, sie sei leer. Sie war voll. Ich fand darin die Splitter, so ziemlich alle, derer es bedurfte, um das Bild des Jungen zusammenzusetzen, der ich gewesen war. Sein Fernglas, seine schwarze billige Sonnenbrille, sein Skatspiel, mürbe vom Gebrauch, sein Gesangbuch, schwarz gebunden, den Umtauschbeleg vom letzten Sommer vor dem Abitur: 30,80 D-Mark gegen 77 französische Francs. Das erste eigene Portemonnaie aus echtem Leder, grasgrün, ornamental geprägt, noch etwas kindlich.

Ich nahm es zur Hand und erkannte es wieder, nach Jahrzehnten im Dunkel der Schublade spürte ich, wie es ihm damals in der Hand gelegen, wie der Junge auf dem Rummel gestanden, die Münzen gezählt und überlegt hatte: erstes Bier oder Schießbude? Ich erkannte das alles wieder, die vergessenen Dinge und den Jungen, dem sie gehört hatten. Die ausgelassenen Skatspiele mit Freunden, die Sonntagvormittage in der Kirche, die erste Reise nach Frankreich, die andere Luft, der andere Duft in der Stadt hinter der Grenze. Es überwältigte mich, dass das alles noch da war. Real dinglich, keine Erinnerung, das hatte ich nicht gewusst. Mein fernes Leben als Junge, es hatte die ganze Zeit in dieser Lade gelegen, ich hätte sie nur aufziehen müssen.

Auch das zweite Portemonnaie fand ich, männlicher schon, braunes Glattleder, einst weich und speckig gegriffen von den Händen, in denen es jetzt wieder lag, starr und hart von der vergangenen Zeit. Mein Blick fiel auf ein Formblatt, akkurat gefaltet wie eben mit der Post gekommen; ich las den Musterungsbescheid. «Tauglich.»

Nun fand ich den Stapel schwarzer Hefte, die Deutschaufsätze darin. Schiller, Anouilh, Thomas Mann. Den Aufsatz über Karl Moor, den hochmoralischen deutschen Räuberhauptmann, der sich am Ende selbst erkennt. Den über Antigone und Kreon in ihrer vormoralischen Griechenwelt. Den über den Mönch von München, er hatte dem Jungen lange und lebhaft vor Augen gestanden, bildstark, wie er war, im Grunde bis heute. Ein laszives Marienbild, ausgestellt in einer Kunsthandlung, erregt den heiligen Zorn des Mönchs. München leuchtete, dieser Satz löste sich vom Text und führte ein viel zitiertes Eigenleben, mit ihm beginnt die Erzählung. Sie endet mit einer Unheilsvision.

Die Aufsätze waren gut, hier und da sogar tief, der Junge hatte sich in das Drama eines jeden Helden hineingedacht. Ich freute mich an ihm wie an einem wohlgeratenen Sohn, dann fand ich seinen, meinen ersten Verrat. Ein Mensch, den ich bewundere, zu diesem Thema sollten wir einen freien Text schreiben. Ich wählte den Dalai Lama, den damals kaum jemand kannte. Seinen Lebensbericht hatte ich mit vierzehn gelesen, als ich den Schulaufsatz über ihn schrieb, war ich fünfzehn. Dass ich in der Buchhandlung auf ihn gestoßen war – Zufall. Das Buchcover hatte das seine getan, es zeigte ihn nicht gezeichnet, ins Sagenhafte gerückt wie die Helden der Ilias, es zeigte ein Farbfoto von ihm.

Es gab ihn real, er lebte in meiner Gegenwart. Hochgewachsen stand er da in seinen majestätischen Bergen, der tibetische Winnetou in seiner traditionellen Kleidung, schwarzes Haar, schwarze Sonnenbrille. Tibetisch fern und sehr nah zugleich, auch auf einem Plattencover aus London hätte er gut ausgesehen. Und es ging um etwas. Ein Held der Herkunft im Aufstand gegen den roten Abgott, der ihm sein Land rauben wollte, seinen Glauben, das Leben vieler. Dergleichen Bücher hatte ich bis dahin nicht gelesen, nur Abenteuer, ob sie im alten Griechenland spielten, auf See, im Wilden Westen oder im Zweiten Weltkrieg, der Junge war nicht wählerisch, auch manches Revolverhelden- und Landserheft hatte er am Kiosk gekauft. Nun machte ihn das nicht mehr satt. Das leicht Entzündliche für diese Dinge verlor sich nicht, aber er trat aus der träumerischen Sphäre hinaus in die Welt wirklicher Schurken und Helden; es hätte auch ein anderer sein können, ein Polarforscher oder ein Oberst Stauffenberg, der Tibeter war Zufall.

In seinem Aufsatz gab er dessen abenteuerlichen Weg in den Freiheitskampf gegen Rotchina wieder und schloss: «Und diese großartigen Taten, die er wohl dank seiner buddhistischen Erziehung, aber doch vor allem mit seiner persönlichen Hingabe für eine scheinbar verlorene Sache vollbringen konnte, verdienen bedingungslose Bewunderung.» Eine verlorene, aber gerechte Sache, ein junger Held, gegen eine Übermacht kämpfend, und macht dabei auch noch eine gute Figur. Bewunderung, bedingungslos.

Bald darauf, während der obligatorischen Klassenfahrt nach West-Berlin, verriet er den schönen, stolzen Tibeter. Er stand am Tor der chinesischen Botschaft in Berlin-Karlshorst, schellte, wurde eingelassen und drinnen zu seinem großen Erstaunen von genau dem Mann zum Gespräch in einem Salon empfangen, der ihn eben aus dem Pförtnerfensterchen heraus begrüßt und eingelassen hatte – der Pförtner war der Botschafter, und wenn nicht der Botschafter, so doch eine wichtige Person der Vertretung. Das machte ordentlich Eindruck auf ihn.

Hierherzukommen, war nicht ganz leicht gewesen, er hatte den Lehrer beim Ausflug nach Ost-Berlin überreden müssen, ihn gehen zu lassen, er hatte geschellt und gesagt, guten Tag, ich bin ein Schüler aus Westdeutschland und interessiere mich für die chinesische Kulturrevolution. Und der Pförtner hatte ihn gemustert, gelächelt, dann hatte sich die Tür geöffnet. Und nun saß er dem Mann aus der Pförtnerloge gegenüber und sprach mit ihm über diese Dinge und dachte sich, sie sind wirklich dabei, die Klassenunterschiede aufzuheben, ich erlebe es doch gerade, es ist keine Propaganda. Er sah es und glaubte. Er verließ die Botschaft, die er gespannt, aber mit einem Rest Skepsis, durchaus auch einem Gefühl für das Seltsame, nicht ganz Geheure der Situation, betreten hatte, mit einer rotchinesischen Baumwolltasche voll Propaganda und konnte es kaum erwarten, seinen Klassenkameraden und Lehrern zu berichten, was er erlebt hatte.

Seine Beschäftigung mit dem Tibeter war eine eher einsame Sache gewesen. Niemand sonst interessierte sich damals für ihn. Lama und Lhasa, das waren Kreuzworträtselwörter in einer Zeit, lange bevor die Buddhismusmode aufkam und der Dalai Lama Hallen im Westen füllte. Mao war von anderer Art. Härter, politischer, männlicher. Und weit populärer damals. Es ging ums Dabeisein, vorn, wo die Musik spielte.

Die Schulaufsätze, die ich nun aus der Schublade holte und durchblätterte, veränderten sich, ein neuer Ton kam hinein, der vorher nicht da gewesen war. Politische Phrasen, getragen wie gefährliche Abzeichen, polemische Seitenhiebe, die nichts zur Sache taten. Warum zog der Zeitgeistwirbel den jungen Mann so sehr an? Weil er so wirbelte? Ja. Weil darin vieles mitwirbelte, was er mochte, Musik, Rebellion, Ausschwärmen aus einer behüteten, nun als harmlos empfundenen Kindheit in die Wildnis des echten Lebens? Ja, auch. Weil einen die Mädchen anders anschauten, wenn man so einer war? Abermals ja.

Dieses neue Leben war jung, es war laut, und vor allem: es beschleunigte. Es machte ihn älter, als er war, in Wochen. Attraktiver, als er war. Klüger, als er war. Gefährlicher, als er war. Er wurde eine Figur in der Schule und lernte seine Lehrer neu kennen. Es gab drei Arten. Die einen waren gegen ihn, das gefiel ihm, er war wer, er hatte nun Gegner. Andere, jüngere Lehrer waren für ihn, das gefiel ihm auch, es bestärkte ihn, beeindruckte ihn aber nicht. Und dann gab es einige wenige Lehrer, die ihn so seltsam anschauten. Ironisch der eine, ihm fühlte er sich nicht gewachsen, das ärgerte ihn. Etwas besorgt die ältere Deutschlehrerin. Sie meinte es gut mit ihm, das spürte er, offenbar sah sie etwas in ihm. Sie versuchte, ihn im Bezirk des Geistigen zu halten, und schenkte ihm, was sie noch nie für einen Schüler getan hatte, eines Tages ein Buch, den Thomas Müntzer von Bloch. Er war ihr dankbar, er sah die Auszeichnung, die

Sympathie, aber er war längst dabei, aus dem Bezirk auszubrechen, in dem sie ihn halten wollte. Seine Kalender wurden immer voller, lauter Termine, Namen, Parolen, Aktivitäten, die Notizen gerieten immer krakeliger, fahriger, als entgleite dem Schreiber die eigene Schrift. So war es auch, die Hast nahm zu, die Auflösung konnte nicht schnell genug gehen. Den Jungen auf dem Porträt an der Wand, eben noch ohne Hast, ohne Last in die Welt schauend, darin seinen Weg suchend, ahnend – ich fand ihn nicht mehr.

Die unbestechliche Schublade ersparte mir nichts, sie hatte alle meine Daten aus dieser Zeit gesammelt und vorratsgespeichert für diesen Moment jetzt, jeden vollgekritzelten, abgegriffenen Taschenkalender mit allen Details. Wann ich wohin gefahren war, woran ich teilgenommen und wen ich aufgesucht hatte, wie ich schließlich mit ein paar Freunden eine Größe der Bewegung in unsere Schule geholt hatte, wo wir, vom Direktor ausgesperrt, die Türen verschlossen fanden, wie wir erst in den Saal eines Gasthauses auswichen und dann versuchten, den Zugang zur Schule zu erzwingen. Nichts Ernstes, Scharmützel auf einem deutschen Kleinstadtgymnasium, mehr Feuerzangenbowle als Revolution.

Weit mehr beschäftigte mich der Junge, der ich gewesen war – wie leicht fiel ihm der kleine Verrat, wie mächtig zog das andere an ihm, und noch einmal, wie unheimlich leicht wurde er ein anderer fast über Nacht. Und wenn es so zugeht, wenn auf dem Wühltisch der Identitäten so einiges herumliegt und lockt, wenn gar nicht genau gesagt werden kann, wer einer ist – ist das dann alles, was über ihn gesagt werden kann? Oder ist da etwas, das nicht übergestreift wird und bald wieder ab? Etwas, das nicht nichts ist. Ich stand auf vom Schreibtisch, trat auf den Balkon hinaus, sah das Abendrot im Westen über den Hügelketten, den Wäldern, in denen die Jagdhütte lag, und war mir ein Rätsel.

Ich wollte ihm nicht zu nahetreten und durfte es nicht, er war ein Junge von sechzehn, höchstens siebzehn Jahren. Sein Mut gefiel mir, seine Begeisterungsfähigkeit, seine Art, die Fackel zu nehmen und loszugehen ins Unbekannte. Die Mutprobe fiel mir wieder ein, da war er den Freunden vorausgegangen im nächtlichen Wald. Ja, ich mochte ihn gut leiden. Es war verwirrend. Väterliche Empfindungen regten sich, der Wunsch, ihm einen liebevollen Stoß zu versetzen, ein wenig mehr dorthin, wo alles gut werden würde, ihm dies und das zu ersparen, hatte ich doch das Privileg, sein Leben nach der Schubladenzeit zu kennen, sein Umherschweifen, sein Unterwegssein, seine Bereitschaft, Brücken hinter sich zu verbrennen, als sei es nichts – all die Leben darin. Wie viele Leben passen in eines? Noch einmal hatte ich die Tür zu seiner Welt einen Spalt weit öffnen, noch einmal ihn sehen dürfen. Ich legte alles wieder an seinen Ort und zog mich leise zurück.

DURCHLAUCHT

Manchmal hatte mich meine Mutter in die Residenzstadt mitgenommen als Kind. Die braven Ackerbürgerstädtchen der Gegend, auch das, in dem ich dann aufs Gymnasium ging, strebten nicht übers Ländliche hinaus – sie waren kaum mehr als gehobene Dörfer mit Resten von Stadtmauern, einer wuchtigen Kirche, zwei, drei Geschäftsgassen und einem Marktplatz mit Rathaus, umstanden von Fachwerkgiebeln. An manche hatten sich in der Nachkriegszeit gleichförmige Siedlungen für Flüchtlinge aus dem Osten angelagert, die Straßen dieser neuen Viertel hießen nach Breslau, Eichendorff, Königsberg.

Von diesen Städtchen hob sich die Residenz ab, sie wirkte großzügiger, nobler, schon auf den ersten Blick. Statt Fachwerk: das Barockschloss, dreiflüglig. Statt schiefer Gassen: Schloßstraße und Fürstenallee und Exoten im Park, Pyramideneiche und Mammutbaum. Statt hartem Dialekt: pures Hochdeutsch. In meiner Jugend schickte man ausländische Studenten hierher, damit sie ein reines Deutsch lernten, das in den Fachwerkstädten selten zu hören war.

Gern besuchten wir den großen Jahrmarkt dort. Wer sich auskannte, ging am ersten Tag hin, dann wurden lebende Tiere gehandelt, vorgeführt und prämiert, von

Kaninchen bis zu Rindern und Pferden. Danach liefen wir durch die barocke Hauptachse und aßen in einem Restaurant Forellen. Wenn meine Mutter träumte, stellte sie sich vor, eines Tages dorthin zu ziehen.

Natürlich hatte diese Aura mit dem Fürstenhof zu tun. Ohne ihn gäbe es die Stadt gar nicht, für ihn war sie angelegt worden vor dreihundert Jahren, eine neue Fürstenresidenz mit angeschlossener Residenzstadt. Zentrale Achse, eine kleine Planstadt aus Planhäusern, ähnlich in den Proportionen, in der Symmetrie, unterschiedlich durch die Details, eine besonders kunstvolle Tür, einen Giebel, ein Dekor. So setzte das Schloss sich in seine Stadt hinein fort, milderte sich aber ins Bürgerliche ab.

In der neuen Stadt wurden die Helfer der fürstlichen Hofhaltung einquartiert – Regierungsbeamte, Hofmusiker, Kunsthandwerker, Offiziere, Jäger, Sattler, die Dienerschaft. Sie gehörten zwingend dazu, wollte ein regierender Fürst der Barockzeit standesgemäß Hof halten. Entlohnt wurden diese dienstbaren Leute teils in Naturalien, denn Geld war knapp und der Schlossbau ein Kraftakt gewesen in diesem eher armen, eher bäuerlichen Fürstentum. Ein kleines Land mitten im Reich, ohne Bodenschätze, ohne Industrie, ohne große Städte, ohne Universität oder was sonst hätte ausstrahlen können. Darum die großen Gärten hinter den barocken Häusern, sie dienten zur Selbstversorgung der Hofbürger.

Eine Welt, längst verweht, und doch, etwas wirkte fort, vielleicht die Macht der Form. Die Anrede war Durchlaucht. Einen Anspruch darauf hatte das Fürstenhaus seit hundert Jahren nicht mehr, aber es war dabei geblieben, nicht nur im Schloss und im fürstlichen Wald, auch sonst im Land. Nicht jeder hielt sich daran, niemand forderte es ein, die Fürstenanrede wurde ganz selbstverständlich gebraucht, fast nebenbei, halb weggenuschelt mitunter und doch mit einem gewissen Selbstbewusstsein, wie mir schien. Nach dem Gesetz waren diese Titel nur mehr Namensbestandteile, sonst nichts. Hier gingen sie den Förstern, den Waldleuten, aber auch vielen Residenzstädtern so selbstverständlich über die Lippen, wie man Herr Müller sagt oder Frau Meier. Das fürstliche Wappen, ich sah es auf Autohecks und an Hausfassaden, nicht nur weil es schön anzusehen war. Und ich bemerkte den Stolz, mit dem man Fremde herumführte, zu jedem Haus etwas erzählen konnte, zu den Berühmtheiten, die von hier in die Welt gegangen waren. Maler. Mediziner. Bildhauer. Nicht selten Bauernsöhne aus dem armen Oberland – ein zäher Stolz darauf, besonders zu sein, anders als der deutsche Rest.

Vom Glanz, den die Leute der Fürstenfamilie mit diesen Gesten bewahrten, fiel ein Widerschein auf sie selbst zurück. Das «Durchlaucht» gehörte zum Schatz jener Eigenheiten, die in dem alten Fürstentum das Gefühl des Besonderen aufrechterhielten. Fürstentum? Nach dem Gesetz gab es keine Fürsten, kannte die deutsche Landkarte kein Fürstentum mehr – der Atlas der Empfindungen aber schon. Die Gesetzeslage, ich hatte davon gehört und sah es nun selbst, fällt nicht immer in eins mit der Gemütslage.

Mochten Schlösser anderswo nur noch Vitrinen vergangener Zeiten sein, längst nicht mehr bewohnt –

dieses lebte, die Fürstenfamilie wohnte darin. Der letzte regierende Fürst hatte dieses Recht ausgehandelt. Und Leben zog Leben an. Mancher ging im Schloss ein und aus, war ein Jugendfreund des Fürsten oder mit einem seiner Söhne in der Schule gewesen, hatte als Kind im Schloss gespielt, in Räumen und Sälen voller Möbel, Bilder, Waffen, Bücher anderer Zeiten. Die Fürstin hatte versucht, einiges davon zu ordnen, eine Lebensaufgabe. Nirgendwo, erzählte sie, könne man besser Verstecken spielen als im Schloss.

Sie stammte aus einem anderen Land, einem katholischen, südlichen, und sah manches hier mit den Augen einer, die von außen darauf schaut. Ich fragte sie, ob es stimme, was ich gehört hatte – dass sie in der Schlosskapelle ein Marienbild aufgestellt und damit einigen Unmut ausgelöst habe. Ja, das Bild sei ein Geschenk ihrer Mutter gewesen, sagte sie, und ja, manch einer habe es schwer ertragen, es in der Kapelle zu sehen. Sie berichtete davon wie von einer kuriosen Begebenheit, leicht belustigt, aber gar so harmlos war es nicht zugegangen, was eigentlich für beide Seiten sprach – man nahm dergleichen ernst.

Immer noch staunend erzählte sie, was sie nach der Geburt ihres ältesten Sohnes, in der Weihnachtszeit war es, erlebt hatte. «Am Tag darauf erschien ein hiesiger Alphornchor in der Klinik und spielte Weihnachtslieder für mich.» Und in der Diskothek habe man die Musik unterbrochen und die Landeshymne angestimmt. «Sie freuten sich, dass ein Nachfolger geboren war.» Von der Begebenheit in der Diskothek habe sie nur gehört, sagte sie, sie wisse es nicht bestimmt. Ich fragte den Förster danach, er war damals schon hier gewesen und bestätigte es.

Irgendetwas hier wirkte als sachter Rippenstoß, sich zu benehmen, appellierte an die besseren Instinkte. In den Cafés an der Schloßstraße erschien man halbwegs ausgehfein und wusste, man wurde beachtet, auch ein wenig beobachtet. Man kannte einander, hatte ein Lächeln, grüßte zum anderen Tisch hinüber, plauderte unter Umgehung kratzbürstiger Themen. Vielleicht fiel mir das auf, weil ich aus einer großen, zerklüfteten Stadt kam, die so etwas wie Schönheit und Form tief misstraute und stolz auf deren Auflösung war.

Waren die Deutschen das historische Volk, waren es die Bewohner des alten Fürstentums noch etwas mehr – das Historische begegnete mir als gängige Art, Fremden das Eigentümliche ihres Landes zu erklären. Schon nach einigen Wochen brachte ich es zu einer kleinen Sammlung solcher Historien. Eine erzählte, wie die Achtundvierzigerrevolution in diesem loyalen Fürstenstaat kurz ausbrach und wieder beendet wurde. Eine Menge, groß war sie wohl nicht, habe fürstliche Amtsstuben gestürmt, Möbel seien auf die Straße geflogen – «die Gräuel», so wurde dieser, verglichen mit anderen Revolutionen, eher sachte Aufruhr genannt. Davon hörten die armen Bauern im Oberland und zogen mit ihren Dreschflegeln in die Residenzstadt, um die Fürstin zu schützen – sie regierte damals nach dem Tod ihres Mannes das Land. Die Bauern hatten nicht vergessen, dass sie ihnen im letzten Hungerwinter Brot geschickt hatte.

Eine andere Geschichte spielte in der nächsten Revolution, der von 1918. Der letzte regierende Fürst, vom

Arbeiter-und-Soldaten-Rat der nahen und doch weltenfernen Industriestadt aufgefordert abzudanken wie die anderen deutschen Regenten auch, der flüchtige Kaiser allen voran, antwortete, er denke nicht daran. Ein Revolutionsrat aus einer Stadt, die gar nicht zum Fürstentum gehöre, könne ihm eine Abdankung nicht abverlangen, das könne nur das Volk seines Landes, und das habe nicht die Absicht. Er hielt dann noch einige Jahre Hof, als einziger deutscher Fürst regierte er einfach weiter. Und handelte, bevor er sich schließlich doch zurückzog, mit der jungen Republik einen Vertrag aus, dessen Folgen bis heute reichten und der sein verlorenes Fürstentum in gewisser Weise fortleben ließ. Er machte es wie der alte Ribbeck im Gedicht. Er ließ sich eine Birne ins Grab legen, und sie ging auf und trug Frucht.

Die Birne des Fürsten war ein Vertrag. Der neue Staat nahm ihm den Löwenanteil seines Forst- und Landbesitzes, nahm ihm seine Güter bis auf eines und seine sieben Schlösser, auch das Residenzschloss. Aber er gewährte ihm und seinen Nachkommen, wie gesagt, das Wohnrecht darin. So war es bis heute. Und noch etwas erreichte der Fürst im Vertrag mit der Republik: Für die enteigneten Besitztümer schuf man eine neue Verwaltung, ihr Zweck war es, die Gewinne aus dem ehemaligen Fürstenbesitz auf alle Zeit allein an die Städte und Dörfer des ehemaligen Fürstentums auszuschütten – an ein Land also, das es nicht mehr gab. Es war längst in neu benannten, neu zugeschnittenen Territorien verschwunden. Und doch existierte es fort. Nicht politisch, nicht mehr als Fürstenstaat – aber als dessen Besitztum. Als höchst lebendiger Schatten des alten Fürstentums, denn seine Früchte kamen allein jenen zugute, die in den Grenzen dieses unfassbar zähen, neunhundert Jahre alten Landes lebten. In Grenzen, die es nicht mehr gab und aus einer List und Laune der Geschichte heraus eben doch noch. Eine deutsche Geschichte, kaum möglich in einem straff zentralistischen Staat.

Natürlich hatte die kleine Stadt ihre Marotten, manchmal kam sie mir wie eine einzige Marotte vor, vor allem an Sommerwochenenden. Dann füllte sich die barocke Kulisse mit Freizeit. Männer im besten Alter stellten ihre knallgelben oder feuerroten Cabrios auf der Schloßstraße zur Schau, Männer in Leder ihre chromblitzenden Motorräder, wieder andere ihre chininhaft glänzenden Leiber auf teuren Rennrädern. Es hatte Züge einer Invasion, das Heer der Freizeit eroberte die Zitadelle der Form.

Und verließ ich die barocke Mitte, war ich in ein paar Minuten dort, wo die Residenzstadt sich nicht mehr von gewöhnlichen Städten unterschied, wo jeder und jede Freizeituniform trug, auch wenn er oder sie von der Arbeit kam. Ich musste an das Befremden der Landbevölkerung denken, als die ersten süditalienischen Gastarbeiter bei uns auftauchten, ihrer Kleidung wegen. Man sah sie beim Straßenbau, einer dreckigen, schweißtreibenden Arbeit mit Hacke und Schaufel und heißem Teer, mit dem sie in der Sommerhitze hantierten. Die gehen ja in Sonntagskleidung zur Arbeit, hieß es kopfschüttelnd beim Anblick der schmalen Männer in engen Ausgehhosen und taillierten, tiefgeknöpften Hemden. Das tat man nicht. Man ging in Arbeitskleidung zur Arbeit und zeigte so, dass man ernstlich und durchaus heftig arbeiten wollte. Diese Heftigkeit bei der Arbeit an den Tag zu legen, war üblich und wurde bewundert, alles Zögerliche und Sanfte eher verlacht.

Arbeit war der Gottesdienst der einfachen Leute, jeder sein eigener Prediger in blauem Drillich und Manchesterhose. Der hat keine Angst, sich dreckig zu machen, lautete ein Lob, ein anderes: Der schafft für zwei. Mit der Arbeit tändelte man nicht, man packte an. Ich arbeitete in den Ferien wie andere Schüler auch, und so war mir die Art, wie diese Männer empfanden, vertraut und auch die Rage, in die die Arbeitswütigen geraten konnten beim Anblick von Schlaffheit, Saumseligkeit und zwei linken Händen.

Dieser Arbeitsernst, im Wald lebte er noch. Ich sah ihn bei den Fahrern der Harvester, bei den Waldarbeitern, die von Hand fällten und sägten, wo die Maschine nicht hinkam, und auch bei denen, die dem Förster bloß ab und zu halfen oder für sich selbst Holz machten, sie alle trugen Arbeitskleidung. Schon wenige Kilometer weiter, in den äußeren Zonen der Residenzstadt, löste sich dieser Ernst auf.

An einem herrlichen Sommerabend ging ich zum Schloss, dort wurden die Festspiele eröffnet, der Erbprinz hatte die Schirmherrschaft übernommen. Er hatte es nicht weit, er musste nur vom Flügel des Schlosses, in dem er und seine Familie lebten, zum Prachtsaal im Mitteltrakt herüberkommen. Dafür musste er das Schloss nicht einmal verlassen. Er und seine Mutter, die Fürstin, erschienen in dem prächtigen weißen Saal, wurden begrüßt und nahmen ihre Ehrenplätze ein, ganz vorn.

Es machte Spaß, mir vorzustellen, mit dem einen oder anderen Freund aus meiner Großstadt hier zu sein. Es war wie beim Schützenfest auf dem Dorf, nur viel prächtiger – aber wie dort standen der Erbprinz und die Fürstin im Mittelpunkt. Alle hier, auch der Repräsentant der Republik, der Bürgermeister, gebrauchte die übliche Anrede und dankte Durchlaucht für die Übernahme der Schirmherrschaft. Jetzt hätte ich gern die Gesichter meiner leider abwesenden Freunde gesehen.

Und als die kurzen Reden und die Musikdarbietungen vorüber waren, erhob sich in unausgesprochener Übereinkunft der ganze Saal, und man sang, egal, wie alt man war oder wie man sich sonst gab, die Hymne des Fürstentums. Dann quoll die Menge in den herrlichen Sommerabend hinaus, in den Schlosshof, und der alte Fürst, obgleich es ihm nicht leichtfiel, absolvierte die Runde um den weiten Hof, Gast für Gast begrüßend, ein Wort für diesen, eines für jenen.

Als das getan war und er wieder beim Schlossportal ankam, ließ die Fürstin ihm einen Stuhl hinaustragen. Er nahm die Bequemlichkeit an. Niemand, dessen war ich sicher, hatte das Bild, das sich nun ergab, inszenieren wollen, man hatte ihm den Stuhl einfach dorthin gestellt, wo er nach seiner Runde ankam, mitten vors Portal, unter das Giebelrelief mit Fürstenhut und Herkules und Athene – dem vergöttlichten Heros und der Göttin, als die sich das Fürstenpaar, das dieses Schloss gebaut hatte, so gern porträtiert sahen wie andere Fürsten ihrer Epoche. Wie der alte Fürst nun dasaß, sehr aufrecht, sehr straff, ein wenig erhöht über den im Schlosshof sich tummelnden Sommergästen, umstanden von einigen Vertrauten, überschwebt von Göttern und Fürstenhut, da hätte ich mich mühen müssen, um mir das Bild aus dem Sinn zu schlagen, das in diesem Moment so ungeplant und doch so überdeutlich zu sehen war – er hielt Hof. Nicht ein vom Rundgang ermüdeter alter Herr saß da auf einem freundlicherweise hingestellten Stuhl, da thronte ein Fürst. Er hatte nie Hof gehalten, das hatte zuletzt sein Großvater getan, aber er konnte es noch. Wäre heute die Monarchie wieder eingeführt worden, hätte er sein Land wiederbekommen, er wäre in seine Regentschaft eingetreten, man hätte ihm die hundertjährige Pause gar nicht angemerkt. So wirkte das alles auf mich, aber vielleicht lag es auch nur an dem alles verzaubernden Sommerabend.

Später erzählte mir jemand, wie dieser Abend noch vor wenigen Jahrzehnten abgelaufen war. Ein Herold erschien im Schlosshof und verkündete, der Fürst lade zu den Festspielen ein. Erst jetzt wurde das Hoftor geöffnet, die Gäste traten ein und defilierten am Fürstenpaar vorüber. Dagegen war, was ich zu sehen bekam, eine blasse Reproduktion.

Eine originelle Interpretation der Fürstenanrede hörte ich von einem jungen Jäger. Er, der Förster und ich standen auf dem einzigen Gut, das die Revolution von 1918 dem Fürstenhaus gelassen hatte, die beiden sprachen über die beginnende Bockjagd. Ihretwegen mussten etliche Hochsitze im Revier repariert werden, dabei kam auch der Erbprinz zur Sprache, und immer, wenn der junge Mann ihn erwähnte, sagte er: der Durchlaucht. Was flapsiger klang als Durchlaucht ohne Artikel, ein wenig komischer auch, er gebrauchte seine

Wortschöpfung leicht amüsiert. Der Durchlaucht, es war ein Hybrid. Zwei Impulse wirkten wohl in dem Jäger, ein inneres Ruckeln gegen die aristokratische Anrede und die Achtung, die er dem Mann, der halbwegs in seinem Alter war und all das liebte, was er selbst liebte, den Wald, die Jagd, dieses Leben hier draußen, nicht versagen konnte. Und so verband er beides. Er blieb beim Durchlaucht, wie alle hier, aber er ließ es klingen wie: der Chef, der Typ. Ein respektlos gewährter Respekt.

DIE PLAGE

Am sonnigsten, friedlichsten Sonntagmorgen, den man sich denken kann, übertönte ein vertrautes Motorengeräusch das Gebrodel meines Gaskochers auf der Tischplanke vor der Jagdhütte, durch das Grün erspähte ich, wie der staubige Pick-up auf die Hütte zukam und am Zaun hielt. Inzwischen hatte der Förster seine Rostkiste durch ein Dienstfahrzeug ersetzt, einen mächtigen Geländewagen mit Ladefläche, groß genug für all den Kram, den er täglich brauchte, aber auch für den Abtransport erlegten Wildes bei einer Jagd. Es war nicht sein Wunsch gewesen, der Erbprinz hatte ihm den Pick-up hingestellt und wohl auch ein wenig aufgenötigt im ersten Moment. Aber bald hatte der Förster Spaß an dem Waldpanzer gefunden, er fuhr ihn nun ganz gern, schonte ihn aber so wenig, wie er seine schrottreifen Kleinwagen geschont hatte. Es war ganz klar, wer sich hier wem anzuverwandeln hatte, spätestens beim Einsteigen.

Denn nicht nur der Wald lebte, des Försters Dienstwagen auch. Ich musste erst etwas zur Seite räumen, bevor ich zusteigen konnte, das würde so bleiben. Ein Werkzeug, die Spraydosen zum Auszeichnen kranker und toter Bäume, Borkenproben und was er sonst aufsammelte bei seinen Revierfahrten. Voller Steinchen und Erde, Laub und Staub, glich sein fabrikneuer Pickup den Waldpisten und Schlammlöchern, durch die er ihn jagte.

Vom Sport kannte ich das Wort Körpersprache – hier passte es. Sein Körper sprach, allein schon wie er dastand – nie zögerlich, nie um etwas verlegen, sei es eine Antwort auf eine Frage, sei es eine Improvisation in schwieriger Lage. Und doch alles stehen und liegen zu lassen für ein Gespräch irgendwo im Revier, dafür war fast immer Zeit. So lernte ich ihn kennen über den Sommer. Und unermüdlich war er. Egal, welchen Waldweg ich ging, egal, ob früh oder spät, irgendwann, irgendwo traf ich ihn immer. Besser, man drehte noch eine Runde, schaute nochmal nach, was der Harvester heute geschafft hatte oder der Forstgehilfe, wie viele Polter er ausgezählt hatte, so hießen die Holzstapel aus gefällten, entasteten, geschälten Stämmen. Und manchmal stellte er heimlich etwas an oder hin, auch mir. Als ich frühmorgens am Ostersamstag aus der Hütte gekommen war, hatte ich in der Asche der Feuerstelle etwas leuchten sehen und, näher tretend, ein Osternest gefunden, so eines, wie ich sie als Junge selbst gebaut hatte, mit bunten Eiern darin und einem Einweckglas Jagdwurst aus der fürstlichen Wildkammer. So war er, so etwas machte ihm Spaß.

Anderes machte ihn wütend, wie die Sache mit den vier kleinen Füchsen. Dieser Spaziergänger neulich, viele gab es nicht von dieser Spezies, die Menschen mieden den Wald, das hatte ich nicht erwartet – dieser eine aber hatte sich gedacht, die vier Fuchswelpen laufen gar nicht vor mir weg, mit denen stimmt was nicht, die haben bestimmt die Tollwut. Der Spaziergänger hatte sie alle totgeschlagen. Das hatte er dem Förster später freimütig erzählt und dessen Lob erwartet. «Idiot!», knurrte der, als er es mir erzählte, die Welpen seien bloß unerfahren und nur darum zutraulich gewesen. «Sehen Sie, es ist immer was im Revier, besser, man fährt noch eine Runde, sieht nochmal nach, auch wenn es schon dunkel wird.» So einer war er.

Jetzt stand ihm die Sorge im Gesicht. Er zeigte mir ein Stück Borke, wieder einmal. Er sah mich gespannt an – ich solle doch mal genauer hinschauen. Er wartete nicht, bis sich die Erkenntnis bei mir einstellte, und sagte es mir. Zwei Käfermuster, zwei verschiedene in einer Borke – die von zwei Käferarten. Er zeigte mir den Unterschied. «Das ist der Buchdrucker und das da der Kupferstecher.» In einigen der winzigen Kammern, die das erratische Käfermuster enthielt, saßen noch weiße Larven, offenbar tot. Den Förster elektrisierte seine Entdeckung, er wollte sie sofort teilen, denn sie enthielt eine Hoffnung, unbewiesen vorerst und doch vielleicht nicht unbegründet: Tötete die eine Käferart den Nachwuchs der anderen, bevor er ausschwärmen konnte, um den Fichtenwald umzubringen? Die Natur mit Hilfe der Natur zu retten, das war die Hoffnung an diesem Sonntagmorgen.

Ein paar Tage später war sie abhandengekommen. Der Förster hatte die Proben eingesandt, das Labor hatte geantwortet und war skeptisch. Es war nicht die erste Hoffnung, die getrogen hatte. Der ganze lange Sommer war eine Serie gescheiterter Pläne, zerronnener Hoffnungen, den Wald noch retten zu können. Der Förster hatte den Kampf aufgenommen, nach jeder Niederlage aufs Neue.

Gleich in den ersten heißen Apriltagen hatte er mir den Todfeind gezeigt. Wir standen in einer der Brachen, die der Sturm gerissen hatte, er hob ein Stück Borke auf und hielt es gegen den viel zu sommerblauen Himmel. Ich sah ein wimmelndes Sternbild – die Sterne waren die winzigen runden Löcher in der Borke, durch die das Gegenlicht fiel. Die Fichtenborke war von einem Käferschwarm völlig perforiert. Das Lochmuster zeigte seine Einstiege, um in die Schicht unter der Borke zu gelangen, in der er sein Straßennetz fraß, seine Kammern anlegte und sich millionenfach vermehrte, um sich in neuen Schwärmen über bisher gesund gebliebene Bäume herzumachen. Weder der Förster noch ich ahnten im Frühjahr, was für ein unheilverheißendes Sternbild wir da betrachteten. Wir gingen dann zu den geschälten Baumstämmen. Die empfindliche, lebenswichtige Schicht aus weißlichem Holz, durch die der Käfer sich fräste, um neue Käferwellen zu brüten, sie lag nun nackt da – ein abstraktes Ornament. Es erinnerte an das Muster der Mäusewege im niedergedrückten Gras, das die Schneeschmelze freilegt, nur war das Käfermuster viel feiner, verzweigter und unbedingt tödlich für den Baum. Mit seinem Wegenetz zerstörte der Käfer die lebensleitende Schicht des Baumes, die Nährstoffe und Wasser bis hinauf in die Krone führt, bis in die Nadelspitzen. Er ließ den Baum verhungern. Diesen stillen Krieg unter der Borke konnte nur einer überleben, Baum oder Käfer.

Im April hatte der Förster mit einer massiven, aber normalen Welle gerechnet. Dagegen ließ sich etwas tun.

Überall im Wald stellte er Käferfallen auf. Auch viele Polter ließ er in Fallen verwandeln. Ab und zu ging ich dem Forstgehilfen dabei zur Hand, ausgestattet mit Lockstoffbeutelchen und Reißzwecken. Begiftet waren die Polter schon, meine Aufgabe war es, sie zu beködern; ich heftete Säckchen mit dem streng ölig riechenden Lockstoff an die Stämme.

Wieder Zeichen im Wald, keine kunstvollen, eine Spraydose tat es. Ein aufgesprühter Kreis hieß, das Käfergift ist ausgebracht; wir sprühten nun einen Strich hindurch, das hieß, der Köder ist dran – ein Versuch, die Millionen Käfer, die ausschwärmen würden, sobald es noch etwas wärmer wäre, vom gesunden Bestand abzulenken auf die präparierten Holzstapel und möglichst viele zu töten.

Im Mai sagte der Förster, die erste Welle sei nun ausgeflogen, die aus den Brutbäumen, den schon befallenen Fichten, nun gelte es noch, die zweite Welle zu überstehen, die Käfer, die bald vom Waldboden aus ausschwärmten. An einem heißen Tag sah ich sie. Etwas war in der Luft, wie fliegender Spinnweb. Ich ging in die Knie, visierte das Phänomen an, und dann sah ich ihn gegen den blauen Himmel – den Käferschwarm im Anflug auf den Polter. Ich hatte einmal einen Maikäferschwarm erlebt, die nicht sehr flugtüchtigen Wesen waren zu Tausenden gegen ein Landhaus getaumelt. Ein irreführendes Bild. Käfer, das klang viel zu groß. Der Feind, mit dem wir es zu tun hatten, war mückenhaft klein, vermehrte sich aber ungeheuer, der Förster sprach von Millionen neuer Käfer in einem einzigen Brutbaum.

So war der Sommer hingegangen, Welle um Welle. Jedes Mal, wenn der Förster geglaubt hatte, nun sei das Gröbste vorüber, kam es erst noch. Wir standen einen Moment da, nachdem er von der jüngsten Enttäuschung berichtet hatte, der Antwort der Laborleute auf die von ihm gefundenen zwei Käferarten. Entdeckte ich eine Spur von Demoralisierung an diesem Mann, den so leicht nichts umwarf? Ein Achselzucken in der Gesprächspause, die nun eintrat, sein umherschweifender Blick, der etwas suchte, eine Lösung, eine Waffe, und sie nicht fand.

Die Fichten hier bei der Hütte galten als gesund. Hoch und kraftvoll ragten sie auf, aber je länger wir sie betrachteten, ganz absichtslos erst, desto angespannter wurde die Miene des Försters. War die Rinde der großen Fichte da drüben nicht etwas grau? Er griff auf die Ladefläche des Pick-ups, fand ein Schälbeil und stürmte los, ich hinterher. Ein, zwei Hiebe, und zum Vorschein kam das erratische, das todbringende Muster unter der Borke, die Wege, die Kammern, darin die weißlichen Larven, in denen die nächste Angriffswelle heranwuchs. Er prüfte sie und schien Hoffnung zu schöpfen, wieder einmal. «Sie sind noch nicht so weit, hier haben wir noch sechs Wochen Zeit.» Zeit, diesen Brutbaum zu fällen, ihn aus dem Wald zu ziehen und den Schwarm darin zu erledigen, bevor er ausflog. Wenn es denn ein Brutbaum gewesen wäre.

Wir untersuchten die nächste Fichte, die übernächste und so fort und fanden die untrüglichen Zeichen fast überall. Wo die Krone noch unverdächtig grün war, sagten andere Male genug. Der Förster trat gegen eine in den Augen eines Laien, wie ich es immer noch war, gesunde Fichte, und es regnete Nadeln – sie war befallen, so gut wie tot. Im Wurzelfuß einer anderen, auf den ersten Blick gesunden Fichte entdeckte er, was er Kaffeepulver nannte, das braune Bohrmehl, das herabrieselt, wenn der Käfer seine Löcher durch die Borke gräbt. Und nun sah ich sie, diese Löcher, fand sie überall am Baum, bräunlichen Drüsen glichen sie, und manche schieden etwas aus, das aussah wie ein Sekret. Harz, vermischt mit Borkenmehl – ein Ausfluss des Todeskampfes, den die Fichte führte. Sie versuchte, den eindringenden Todfeind einzuharzen, ihn mit ihrem Harz umzubringen. Sie kämpfte noch um ihr Leben, aber sie würde den Kampf verlieren – befallen auch sie, bald tot.

Wir gingen tiefer in die Fichten. An anderen glitzerten hoch oben, unterhalb der Krone, Harzperlen in der Sonne, auch sie ein letzter Versuch des Baumes, sein Leben zu retten – befallen, auch dieser rang mit dem Tod.

Der Förster hielt inne und horchte. Ein Tock-Tock in der Höhe, harter Schnabel auf Holz, es freute ihn sichtlich. «Hören Sie ihn?» Ein Specht, ob bunt, schwarz oder grün, konnte ich nicht sagen, ich sah ihn nicht, ich hörte nur sein rhythmisches Hacken. «Er hilft uns. Schafft es der Baum nicht mit seinem Harz, den Käfer zu töten, hackt er sich rein und frisst die Larven.» Das Klopfen setzte kurz aus, setzte abermals ein, der Förster nickte anerkennend hinauf: «Der Kollege.»

Auch der Specht konnte die Fichte nicht retten. Es hätte eines Spechtheeres bedurft, um gegen die Plage anzutreten. Auch hier bei der Jagdhütte war sie nun angekommen, wo man sie nicht erwartet hatte. Dem Förster kam der Verdacht, es könne auch anderswo im Revier so sein. Es gab Käfergebiete und käferfreie Bestände, so war es bisher gewesen. So war es jetzt nicht mehr, der Käfer hielt sich nicht mehr daran, er nahm sich alles.

In diesem Sommer starb der Wald, unbetrauert von der Stadt. Sie, die das Wort vom Waldsterben erfunden hatte, bemerkte es nicht einmal, als es nun wirklich geschah. Natürlich starb der Wald nicht im Ganzen, aber er würde verschwinden, wie wir ihn kannten. Und natürlich hatte es etwas mit der alten Waldwirtschaft zu tun. Es starb der Baum, auf den sie lange gesetzt hatte, die Fichte.

Als junger Förster hatte er die Monotonie im Forst durch Mischwald ersetzen wollen – den Wald, einförmig und anfällig, wie er war, artenreicher pflanzen, robuster machen. Der Fürst hatte es eingesehen und ihn gewähren lassen. Jetzt sah es jeder ein. Ein wenig heißer die Sommer, ein wenig trockener die Böden, etwas tiefer das Wasser darin, das reichte. Der Wald starb wirklich, nicht auf Bettlaken und Magazintiteln wie damals, als das Wort Waldsterben aufkam. Die Plage nahm alles.

Der gleiche Anblick, der gleiche Verlauf, wohin ich auch kam. Erst wurden die Kronen braun, dann ganze Bäume. Erst starben Individuen, hier und da braune Flecken im Grün, dann ganze Forste. Eine Weile noch stand das tote Holz aufrecht, dann stürzten erste Stämme ineinander. Ein Winter, ein Sturm noch, und Fichtenwälder wären Erinnerung. Noch im Frühjahr, als ich in die Hütte gezogen war, hatte das niemand für möglich gehalten, nun, im Sommer, war es unübersehbar.

Wieder hörte ich die Harvester im Einsatz, zum wievielten Mal in diesem Jahr? Es ging nicht mehr um die Verwertung all der Holzmengen, die niemand freiwillig schlug, es ging nur noch um Notwehr, darum, die Brutbäume zu identifizieren, sie rasch aus dem Wald herauszuholen und zu schälen, um die jüngste Brut zu vernichten. Eines Morgens lief ich durch einen Teil des Reviers, den ich länger nicht gesehen hatte, und fand den Waldweg in einen Hohlweg verwandelt. Links und rechts stapelten sich die neu geschlagenen Fichtenstämme doppelt mannshoch, sie verengten den Himmel, als liefe ich durch eine Klamm.

Man müsse sich mit dem Gedanken vertraut machen, sagte der Förster, dass der Kampf verloren und die Zeit der Fichte in diesen Wäldern vorüber sei. Das Ende kam ungeheuer schnell. Wir fuhren durch sein Revier, er zeigte mir Gegenden, die vor Tagen herrlicher Wald gewesen waren, jedenfalls hatte es den Anschein gehabt, dämmriger Fichtenforst, wie wir ihn kannten, jetzt waren sie baumlose Brachen. Auch das Südrevier zeigte mir der Förster. Hier schien der Untergang noch einmal gesteigert. Frisch geschlagene Stämme, noch höher gestapelt, und die Stapel säumten die Wege noch länger, kilometerlang. Als habe ein antikes Volk holzgieriger Schiffebauer seine Wälder kahl geschlagen, so sah es aus.

Die vielen Fallen, die der Förster aufgestellt hatte, das Gift und die Köder, die wir ausgebracht hatten, das wochenlange Identifizieren und rasche Fällen der Brutbäume, das aufwendige Jäten eines ganzen Waldes, es war umsonst gewesen. Seit Monaten hatte er den Käfer gejagt, sein Revier immer wieder von ihm befreit, jede neue Welle erkannt, jede neue Kriegserklärung angenommen. Nun ging er mit der Spraydose durch den Wald und sprühte ein signalrotes X nach dem anderen auf seine ältesten, wertvollsten Fichten. Ein rotes X für: schon tot. Sein Wald rötete sich vor dem Herbst.

Schließlich gab er es auf, immer neue Bäume signalrot auszuzeichnen. Fand er heute noch kein Anzeichen von Befall, fand er es morgen. «Er ist überall.» Er sagte nicht mehr: der Käfer, sprach von ihm nur noch als: er. Wie man es vermeidet, das Unheil beim Namen zu nennen. Jetzt, am Tiefpunkt, sah ich, was für ein Kämpfer der Förster war. Wir standen am Rand dieser riesigen frischen Waldbrache, als er sagte, man müsse es auch von der anderen Seite sehen, nicht nur den Verlust. «Was für eine Gelegenheit, den Wald zu schaffen, den wir möchten.»

Die Plage, ein Wort, das nach Bildern schrie. Ein Forstmann lieferte mir eines, der Fahrer eines Harvesters. Er schickte es als Video auf mein Smartphone. Als er eines Nachts im Wald unterwegs war, geriet er in einen Käferschwarm. Er nahm sein Mobilgerät und tippte auf Aufnahme. Sein Video erinnerte an Bilder von afrikanischen Heuschreckenplagen, aus Europa hatte ich Derartiges noch nicht gesehen. Der Schwarm flog und flog auf ihn zu, in seine Lichter hinein, taumelte auf seine Scheinwerfer zu, schwärzte die Windschutzscheibe, die Wischer arbeiteten die Käferleiber fort, Welle um Welle.

Ich schwärme aus und komme über euch, wann ich

will, sagte das Bild, sei es bei Tage oder bei Nacht, ich komme geflogen und greife an, sooft ich will in einem einzigen Sommer, dreimal renne ich an, viermal, siebenmal. Ihr könnt mich vergiften, mich vom Baum schälen, mich millionenfach töten, es hilft euch nichts. Denn ich bin das Viele, ich bin die totale Verschwendung, ich töte besser als ihr.

JAGDGESCHICHTE

Am Anfang meiner Zeit in der Hütte hatte der Förster davon gesprochen, wie er als junger Mann auf der Suche nach einer Anstellung, die ihm besser gefiel als der Staatsforst, auf den Fürsten getroffen war. Er kam immer mal wieder darauf zurück, aber es bedurfte etlicher Touren durchs Revier, um die ganze Geschichte zu erfahren, die sein Leben verändert hatte.

Die beiden Männer hätten sich ferner kaum stehen können, so viel schien klar zu sein. Von weit her kamen sie aufeinander zu und gaben sich keine Mühe, es zu kaschieren. Der Fürst, doppelt so alt wie der junge Förster, erschien zum Vorstellungsgespräch im Schloss mit dem grünen Porsche, den er damals fuhr, der Förster mit seiner blauen Ente, dem 2CV mit dem Anti-Atomkraft-Aufkleber, dem gelben Sonnenfleck mit der gereckten Faust. Blau traf Grün, nur seitenverkehrt – ostentativer Adel traf auf demonstrativen Rebellengeist.

Der Förster war, in gewissem Sinn, der junge Mann geblieben, als der er damals gekommen war. Inzwischen kannte ich sein Revierförsterbüro, eine Stube zwischen Wohnhaus und Tenne. Sie enthielt viel von dem, was ihn ausmachte, was er war. Er wollte mir etwas geben und bat mich kurz herein. Es war kein Dienstzimmer, es war das Quartier eines Waldenthusiasten. Eine wilde

Wunderkammer, seine höchst persönliche Sammlung von Papierkram, Walddingen, Spaßzeug.

An der Wand der längliche Schädel einer Bache, daneben der eines Keilers mit einem Paar elfenbeinfarbener Hauer, denen ich, solange ihr Träger gelebt hatte, nicht hätte nahe kommen wollen. Ein Brett voller Rehbockgehörne, meist Spießer. Er lege keinen großen Wert auf Trophäen, sagte er, die meisten werfe er weg, aber als Förster gehörten ein paar Geweihe an der Wand nun einmal dazu.

Er bemerkte meinen Blick auf den ausgestopften Uhu, zog an einem Draht, und der Uhu schlug mit den Flügeln. Er werde bei der Krähenjagd eingesetzt wie schon zu seinen Lebzeiten – eine alte Jagdlist. Zeigte sich der Nachtvogel tagsüber, hielten ihn die Krähen für krank und gingen in großer Zahl auf ihn los, dann flogen sie dem Jäger, in einer kleinen Hütte versteckt, vor die Flinte. Der Uhu hatte sie schon im Leben angelockt, nun tat er es mechanisch als Uhudarsteller.

Unmöglich, mit einem raschen Blick zu erfassen, was die Stube enthielt. Zwei E-Gitarren lehnten am Regal, eine CD der Sex Pistols sah ich daliegen, Datenchips der Wildkameras im Wald, der Förster wertete sie aus, um das Rehwild, die Sauen, die Füchse im Blick zu behalten, auch einige Wildkatzen hatten sich wieder angesiedelt. «Schöne Tiere.» Und oft zeigten die Aufnahmen den Unbeliebtesten von allen im Wald, den vor langer Zeit aus Nordamerika eingewanderten, sich rasch vermehrenden und ziemlich angriffslustigen, kratzpfotigen Waschbären.

Nun hatte er gefunden, was er suchte – Kopien eines

selbstgezeichneten Revierplans und einer Waldwegekarte. Der Plan zeigte die Bestände im Revier und, wie sich in diesem Sommer zeigen würde, dessen Schwäche. Das Ideal des Försters war ein gesunder Mischwald, dafür arbeitete er, seitdem er hier war. Buchen machten etwa die Hälfte seines Reviers aus, die von Stürmen, Käfern und Trockenheit bedrohten Fichten aber immer noch gut vierzig Prozent.

Im Gehen zögerte ich bei den Gitarren. Er spiele zur Entspannung, sagte der Förster, als er meinen Blick auffing, eigentlich könne er es gar nicht richtig, aber es mache ihm Spaß, es doch zu tun. Er erzählte von einem Konzert, das er neulich besucht und das ihm sehr gefallen habe. Welches denn? «ZZ Top.» Ich machte eine spitz zulaufende Geste vom Kinn zur Brust – die texanischen Bärte? Er lachte. «Ja, die.»

Kurzum, das Vorstellungsgespräch hätte zu Ende sein können, bevor es begann, in dem Moment, als Porsche auf Ente stieß, eine Welt auf die andere. Es kam anders. Offenbar lag beiden Männern nicht viel an einem konventionellen Bewerbungsgespräch, lieber unternahm man eine Tour in den fürstlichen Wald, durch den Busch. An deren Ende stellte der Fürst den jungen Kerl mit der Aktivistenfaust auf der Ente als seinen neuen Revierförster ein.

Eine Liaison, so unwahrscheinlich wie die private des Försters, die mit der jungen Frau aus der Modewelt. Wenn es aber die gleichgestimmte Konvention nicht war, die beide zusammenbrachte, wer oder was war es dann? Mir fiel nur einer ein: der Wald.

Am Ende des Sommers ergab sich eines Abends Gelegenheit, den Fürsten danach zu fragen, wie er die erste Begegnung in Erinnerung und warum er ausgerechnet diesen Mann eingestellt habe. Er spielte das Erstaunliche daran herunter. Er habe eben einen geeigneten Förster gesucht, einen guten Mann für dieses Revier, und der junge Kerl sei so einer gewesen. Und sein Sohn ergänzte, es sei doch vernünftig, nicht lauter Leute aus ein und demselben Stall einzustellen, vom selben Professor kommend, alle mit derselben Idee vom Wald im Kopf.

Das leuchtete ein, natürlich. Aber dann sah ich die so ungleichen Gleichen zu zweit durch den Wald fahren, an der Hütte vorüber, oder ich begegnete ihnen irgendwo tief im Revier. Immer im grünen Forstjeep, der Förster am Steuer, der Fürst neben ihm. Und ich war sicher, jetzt suchten sie wieder einmal die alten Orte auf. Für ahnungslose Spaziergänger stand der Wald voller Bäume, für die beiden im Jeep war er ein offenes Buch voller Erinnerungen.

Ab und zu hörte ich, wie von einem ihrer Jagdabenteuer erzählt wurde, einem besonders dramatischen. Es war Nacht geworden, und ein Gewitter ging nieder, aber der Fürst und sein Förster brachen die Jagd nicht ab, denn vor ihnen lag die Wildwiese im Licht der Blitze, und sie wussten, darin stand der Bock, hinter dem sie her waren. In der Schwärze der Nacht konnten sie weder die Wiese erkennen noch den Rehbock, und so warteten sie, bis wieder ein Blitz zuckte und die Szenerie sekundenlang ausleuchtete. Das Gewitter war nun über ihnen. Andere wären in ihren Faradayschen Käfig gestiegen und heimgefahren.

Wieder ein Blitz. Auf der Wiese waren jetzt zwei Rehe zu erkennen, zwei Stücke in der Jägersprache, ein Bock und eine Ricke, jagdbar war zu dieser Zeit nur der Bock. Links oder rechts, habe der Fürst gefragt, erzählte der Förster. Links oder rechts, welcher ist es? Der rechts, habe er geantwortet.

Sie erwarteten den nächsten Blitz. Er zuckte auf, der Fürst schoss, der Bock fiel. Er sei dann los auf die Wildwiese und habe ihn herbeigeschleppt, erzählte der Förster weiter. Als die zwei im Wagen saßen und eben losfahren wollten, hätten ihre Telefone geklingelt, beide zugleich. «Seine Frau rief an und meine auch: Wo steckt ihr denn bei dem Unwetter? Sie machten sich Sorgen. Wir sagten ihnen, wir hätten im Licht eines Blitzes den Bock auf der Wildwiese geschossen. Beide Frauen: Seid ihr wahnsinnig?»

Das waren sie wohl, das Jagdabenteuer passte einfach zu gut zu dem, was ich hörte oder doch heraushörte, wenn ich, mit wem auch immer im Revier oder in der Residenzstadt, über den Fürsten sprach. Ein wilder Autofahrer, ein begeisterter Jäger, diese Ausdrücke fielen dann, auch das Wort Draufgänger. Wenn es Wahnsinn war, wie die Frauen in jener Gewitternacht vermuteten, dann ein Wahnsinn von der Art, aus der die besten Geschichten sind. Das Salz in der Suppe, no risk, no fun in neuerer Sprache. Der Wald hatte die zwei zusammengebracht, da war ich sicher. Der Fürst hatte seinen Förster gefunden und der Förster sein Paradies.

Wahnsinn und Form, das ging gut zusammen in einem alten Fürstentum. Am Mittagstisch im Forsthaus, zu dem man mich immer wieder einlud angesichts meines

Gaskochers und meiner paar Konserven in der Hütte, erzählte die Försterin, kurz nach ihrem Einzug habe ein Fremder geschellt. Er wolle nur mal sehen, wie sich das junge Paar im Forsthaus eingefunden habe, erklärte er sein Erscheinen und machte Anstalten einzutreten. Sie sei aber allein zu Hause gewesen und habe ihn nicht hereingelassen, schließlich kannte sie ihn nicht.

Weil er sie als Ehefrau des Försters ansprach, korrigierte sie ihn, nein, man sei nicht verheiratet. Ein bedenkliches «Ach so, hm» sei die Antwort des Fremden an der Tür gewesen. Was er da hörte, gefiel ihm nicht. Erst jetzt habe sie an ihm vorbeischauen können und seinen Wagen gesehen, den grünen Porsche.

Sie begriff nun, wen sie vor sich hatte, die Situation löste sich auf. Da war aber noch das «Hm». Hier übernahm der Förster die Erzählung. Der Fürst habe ihn nach diesem Besuch im Forsthaus zur Seite genommen. Ob er denn nicht daran denke zu heiraten? Ein in wilder Ehe lebender Revierförster – schwierig hier bei uns. «Wenn es so ist, Durchlaucht», habe er geantwortet, «dann fahre ich in die Stadt und bestelle das Aufgebot.» Er habe nichts mehr vor, nein, er denke nicht, dass er noch nach einer anderen Ausschau halten werde. Beide am Tisch amüsierte es immer noch, wie vor fünfundzwanzig Jahren ihre Ehe gestiftet worden war.

Noch etwas klärte der Fürst gleich bei der ersten Waldtour mit dem jungen Förster. Eine Sache sei noch zu besprechen, die mit seinem Vater. Ob er von dessen Vergangenheit wisse, ob das ein Problem für ihn sei? Der Vater war ein hoher SS-Führer gewesen und nach dem Krieg vor Gericht gestellt worden. Damals lebte er schon lange nicht mehr, aber er lebte nach. Es wurde darüber geschrieben, geforscht, geredet. Einen Schatten, der über dem Hause liege, nannte es die Fürstin einmal.

Was sollte der junge Mann antworten? Lag der Schatten auch auf dem Wald, der ihm so sehr gefiel und den er gern übernehmen würde, auf seiner Arbeit als Revierförster? «Ich habe geantwortet, dafür kann der Wald nichts, damit hat das nichts zu tun.»

DER SCHATTEN

War es denn immer nur eigensinnig zugegangen und am Ende alles gut geworden im Fürstenland? Die Hüter des Hergekommenen behaupteten das nicht. Aber brachten deutsche Städte wie diese nicht auch den Antitypus hervor, den Aufklärer, der eines Tages auf die Festbühne springt und ruft: «Alles Lüge!»? Oft hatte sein Auftreten bittere Abrechnungen und Anfeindungen nach sich gezogen, oft verließ der Ankläger seine Heimat. Und hier – keiner da, der zum Quast griff und ein paar dunkle Striche ins helle Selbstbildnis zog?

Es gab ihn. Er bot an, sich in einem Café in der Schloßstraße zu treffen – es wurden fünf Stunden daraus, in denen ich verstand, der weltberühmteste Ort der Residenzstadt war, entgegen dem Augenschein, nicht das Schloss, sondern ein Archiv. Es hatte bald nach Kriegsende als Suchdienst begonnen und dokumentierte inzwischen die Schicksale von über siebzehn Millionen Verfolgten der NS-Diktatur.

Der Mann hatte lange in dem Archiv gearbeitet und sich oft gewundert, auch geärgert, wenn er wieder einmal feststellen musste, dass es im Ausland, etwa in den USA oder in Israel, sehr bekannt, hier in der Heimat aber ziemlich unbekannt war. Er gewann den Eindruck, man wolle es gar nicht so genau wissen, was dort archiviert und aus aller Welt nachgefragt wurde. Oft war er Mitbürgern begegnet, die dachten, es handele sich um einen Suchdienst für im Weltkrieg vermisste deutsche Soldaten. Irgendwas mit Vergangenheit, irgendwas mit Krieg.

Aber nicht darüber wollten wir sprechen, sondern über einen Prinzen des Hauses, den Vater des Fürsten. Der Prinz war als junger Offizier aus dem Ersten Weltkrieg gekommen, offenbar so erbittert wie viele seines militärischen Ranges und seines Standes. Verluste, wohin er sah. Aus einem verlorenen Krieg kehrte er heim in sein verlorenes Fürstentum, und nicht nur um die einseitige Verteilung der Kriegsschuld ging es, um etwas eher Abstraktes – der Verlust traf ihn selbst. Er wäre der nächste regierende Fürst gewesen, auf seinen Vater folgend, den letzten regierenden Fürsten. Die Revolution von 1918 verhinderte es.

Sie nahm dem jungen Offizier nicht nur den Fürstenrang, sie enteignete ihn. Hin war auch sein militärischer Status. Das Fürstentum hatte ein eigenes Bataillon gestellt, stationiert in der Residenzstadt. Wie in den Kriegen zuvor hatte das Bataillon auch in diesem verlorenen Krieg für Deutschland gekämpft, nun wurde es bei Kriegsende aufgelöst – man war keine Garnisonsstadt mehr, die Kaserne wurde in den Weimarer Jahren zivil genutzt.

Der Prinz ging weiter als andere, die ähnlich empfanden. Erst trat er in ein Freikorps ein, dann in einen altdeutsch-mystischen Orden – zum Teil militante, aber doch eher nostalgische Versuche, gegen den Ausgang des Krieges anzurennen. Schließlich ließ er die Nostalgie hinter sich und wählte die modernere, rabiatere Partei, eine zu allem entschlossene Kraft mit Zukunft. Er wurde Nationalsozialist, aus Überzeugung, wie er nach dem Krieg, vor Gericht gestellt und verurteilt, aber bald aus der Haft entlassen, bekannte.

Als ich mit der Fürstin über diesen Vorfahren sprach, sagte sie, vielleicht sei bei ihm die Hoffnung im Spiel gewesen, etwas vom verlorenen Stand und Besitz wiederzuerlangen. Eine Illusion, aber man nährte sie ein wenig. Auch andere aus dem Hochadel liefen zur NS-Partei über aus solch illusionären Hoffnungen heraus. Falls der Prinz sie hegte, wurde auch er enttäuscht. Alles, was ihm gelang, war, die Garnison wiederzubeleben, um den Preis seiner tiefen Verstrickung in den SS-Staat. Weil er sich früh mit Himmler, dem Chef der SS, angefreundet hatte, nahm der ihn, an die Macht gekommen, in den Kreis seiner ranghöchsten Unterführer auf und schuf eine SS-Großregion mit dem Prinzen an der Spitze, auch ein Konzentrationslager gehörte zu dieser Region. In die Kaserne des aufgelösten fürstlichen Bataillons zog eine SS-Einheit, dorthin wurden Häftlinge aus jenem Konzentrationslager als Zwangsarbeiter verlegt.

Mein Gegenüber im Café wollte seiner Stadt all das zeigen, sie sollte es nicht vergessen. Er hatte es geschafft, die Kaserne in ein Museum ihrer eigenen Geschichte zu verwandeln. Schwarzweißfotos zeigten die wesentlichen Stationen, auch die NS-Jahre dokumentierte er: einen Aufmarsch von SS-Männern in der Schloßstraße, an der wir jetzt saßen. Ein Himmler-Besuch in der Kaserne, in die er mich führte. Und das letzte Foto: Abmarsch der SS an die winterliche Ostfront mit weißen Tarnhelmen.

Er war ein Sozialdemokrat von der Art, wie ich sie als junger Mensch kennengelernt hatte – diese Männer wollten niemanden erziehen. Sprachregelungen zu verhängen, obligate Denkweisen, so etwas lag ihnen fern. Sie taten, was ihrer Ansicht nach getan werden musste, kämpften es durch und trauten den Leuten zu, ihre Schlüsse zu ziehen. So einer war er, ein Aufklärer, kein Volkserzieher. Seine Absicht, sagte er, sei zu zeigen, was war, was in der NS-Zeit hier in dieser Stadt, in diesem Land gewesen war, nicht zu predigen, wie genau das alles zu sehen sei.

Entlastende Erzählungen über die NS-Zeit gingen um, er kannte sie. Erinnerungen oder eher auf Erinnerungen basierende Geschichten, die nahelegten, weder der damalige Fürst noch die Fürstin, also die Eltern des SS-Prinzen, hätten gebilligt, was ihr Sohn dachte und tat. Eine Geschichte ging so: Wenn Himmler oder andere hohe SS-Leute in die Stadt kamen, seien im Schloss Fenster und Türen zugegangen. Ein freundliches Gerücht, das sich hartnäckig hielt. Beweisbar, irgendwie dokumentierbar war es nicht.

Eine andere Geschichte schien einiges für sich zu haben, sie ging so: Als der NS-Staat begann, geistig oder körperlich Behinderte aus den Anstalten zu holen, um sie zu töten, seien die grauen Busse der Euthanasie auch zu den beiden Heimen der Residenzstadt gefahren. Dann sei ein Anruf aus dem Schloss gekommen, eine Warnung. Das eine Heim lag in einem Dorf, dort lebten geistig stark Behinderte, das andere Heim in der Stadt, hier hatte man Werkstätten für die Arbeitsfähigen geschaffen. Das gewarnte Heim auf dem Dorf habe dann einen Waldspaziergang mit seinen Bewohnern angesetzt, das andere die seinen auf umliegende Bauernhöfe verteilt.

Die Geschichte wollte sagen, dass es einen Schutzengel im Schloss gab, der oder vielmehr die den Mord an diesen Menschen zu verhindern suchte. Die Plausibilität dieser Erzählung rührte daher, dass die Fürstin selbst beide Heime gestiftet hatte, sie trugen ihren Namen. Sie hatte Land dafür gegeben, und sie besuchte die Heime regelmäßig, überliefert sind ihr unverstellter, ja herzlicher Umgang mit den Patienten. Und immer zu Weihnachten schickte das Schloss einen Hirschbraten in die Heime. Konnte eine solche Frau den staatlich betriebenen Mord an denen billigen, für die sie doch Sorge trug, für die sie so viel getan hatte? Konnte sie die brutale Idee billigen, lebenswertes von unwertem Leben zu scheiden, überhaupt die Menschenzuchtidee des NS-Staates und namentlich der SS? Konnte sie also billigen, was ihr Sohn tat? Die Frage stellen hieß, sie zu beantworten. Der Aufklärer kannte alle diese Geschichten, er hatte versucht, ihnen nachzuforschen, die Fürstenfamilie hatte ihm Einsicht in einige Korrespondenz aus jener Zeit gewährt – aber gefunden hatte er nichts darüber.

Als er mich wieder einmal im Wald besuchte, fragte ich den Erbprinzen, was er von der Sache halte. Die Fürstin, von der es hieß, sie habe die Heime gewarnt, war seine Urgroßmutter. Sie habe kein Tagebuch geführt, sagte er, auch sonst seien keine Aufzeichnungen zu diesen Vorgängen bekannt. Man werde vergebens schriftliche Beweise suchen, wer in einem solchen Staat so etwas tue, dokumentiere es nicht. Er wisse nur, dass die damalige Fürstin eine vertraute Freundin unter den Diakonissen in einem der Heime gehabt habe. Dass sie mit ihr auch über die Bedrohung gesprochen habe, sei durchaus möglich.

Ihrem Mann, seinem Urgroßvater, stellte er ein ehrenhaftes Zeugnis aus. Nach allem, was in der Familie überliefert sei, habe er mit dem NS-Staat nichts zu schaffen haben wollen. Als öffentliche Person, die er als letzter regierender Fürst auch später noch gewesen sei, habe er nur unvermeidliche öffentliche Termine wahrgenommen und sich sonst vom Regime ferngehalten.

Ich wollte nicht so schnell aufgeben und fragte mich durch, bis ich eines Tages bei der Pfarrerin eines der beiden Heime saß. Sie hatte die Archivarin dazugebeten. Beide waren mit dieser Geschichte vertraut. Sie hatten eine Zeugin befragt, eine inzwischen verstorbene Patientin aus der NS-Zeit. Sie hatte ihnen die Erzählung bestätigt, sie hatten ihre Auskunft festgehalten: «Dann kam ein Anruf aus dem Schloss, und dann sind die mit den Kindern in den Wald gegangen.» Auch die Warnung war ihr erinnerlich: «Die Soldaten kommen.»

Die Euthanasiekommandos waren aber keine Soldaten. Außerdem wären Besucher in Mordabsicht nicht achselzuckend wieder weggefahren, hätten sie keine Patienten im Heim angetroffen. Etwas konnte an der Geschichte, so plausibel sie auf den ersten Blick schien, nicht stimmen. Die Pfarrerin hatte darüber nachgedacht. Sie erklärte es sich so: «Die Soldaten kommen» – das konnten nur SS-Männer aus der Kaserne sein. Andere Soldaten gab es in jener Zeit nicht in der Stadt. «Die Soldaten kommen» – wenn eine solche Warnung im Heim auf dem Dorf eingegangen war, dann vielleicht weil diese Männer nach einem Zechgelage loszogen auf der Suche nach jungen Frauen, und die gab es im Heim. In so einem Fall – und nur in so einem Fall – hätte eine rasch angesetzte Waldwanderung einen Sinn gehabt.

Den anderen Teil des Gerüchts konnte die Pfarrerin aufklären. Das Heim für die Arbeitsfähigen war in der NS-Zeit geräumt worden, erst um Platz zu schaffen für saarländische Flüchtlinge, später für die Nutzung als Lazarett. Man hatte die Patienten auf Familien der Umgebung verteilt und die Behindertenwerkstätten in Turnhallen weitergeführt – was eine positive Einstellung der Bevölkerung zu diesen Heimen bewies und zur Fürstin, die ihre Hand über sie hielt, aber nicht einen Boykott der Euthanasie.

Den hatte der damalige Pfarrer versucht, ein offener Gegner der Euthanasie wie andere Kirchenleute auch, allen voran der Kardinal von Münster, der gegen die Mordpolitik predigte, ohne ein Blatt vor den Mund zu nehmen. In solchem Mut war der Grund dafür zu suchen, dass es der NS-Staat nicht wagte, in kirchlichen Heimen so durchzugreifen, wie er es gern getan hätte.

Die beiden Heime im Fürstentum konnten ihre Patienten retten – mit einer Ausnahme. Fünf ältere jüdische Frauen wurden, als das Mordprogramm begann, in eine Sammelstelle beordert und in den Tod geschickt. Danach kam es, nach allem, was bekannt ist, zu keinen Transporten aus den beiden Heimen mehr.

Es blieb ein Schatten, in jedem Sinne. Zu Lebzeiten der handelnden Personen war es versäumt worden zusammenzutragen, was über ihr Tun und Denken, über ihre Konflikte, die es zweifelllos gab, dokumentierbar war. Die Fürstin bedauerte das. Sie habe es versucht, sagte sie in dem langen Gespräch im Schlossgarten, es sei nicht gelungen. Nun war es zu spät.

DIE BONIFATIUSFRAGE

Wieder einmal ging ich am Urnenwald vorbei und lief in eine Beisetzung hinein. Ich betrachtete die Trauergäste. Die Älteren waren noch so gekleidet, wie ich es von hier kannte, schwarz, die Männer trugen Anzüge. Bei den Jüngeren franste das Schwarz ins Freizeitliche aus, eine schwarze Lederjacke, eine schwarze Jeans taten es auch. Offenbar besaßen selbst auf dem Land etliche Männer den schwarzen Anzug nicht mehr, ohne den Menschen wie mein Großvater nicht hätten existieren können, und es war keine Frage von Arm oder Reich. Womit sonst hätte er zu seiner eigenen Hochzeit gehen, später im Sarg liegen und an all den Sonntagen und Feiertagen dazwischen sich kleiden sollen? Ich erinnerte mich daran, wie sich der Stoff, aus dem sein schwarzer Anzug gemacht war, anfühlte, schwer und lappig. Der schwere Stoff war gewählt worden, weil es sich um ein Kleidungsstück handelte, das sehr lange seinen Dienst tun sollte, sommers wie winters, und das Lappige bezeugte das Alter des Anzugs. Ich weiß nicht, wie viele solcher Anzüge er im Lauf seines Lebens besaß, aber es gab Schneider, um sie der Körperkurve des Lebens anzupassen, es war nicht undenkbar, dass mein Großvater in ein und demselben schwarzen Anzug als junger Mann geheiratet hatte und als alter Mann begraben wurde.

Und mit der gleichen Selbstverständlichkeit war meine Großmutter ganz in Schwarz gegangen nach seinem Tod, für den langen Rest ihres Lebens.

Etwa sechs Jahre alt war ich, als die Männer ins Haus kamen, in diesen Anzügen und mit ernsten Gesichtern. Ich suchte mir eine Rolle, die meiner Hilflosigkeit abhalf an diesem traurigen Tag – im Hauseingang begrüßte ich die Trauergäste, wortlos, stumm nickend, wenn sie auch mir das Beileid sagten, fast wortlos, und schmiegte mich so in den schwarzen Ernst, den ich lebhaft empfand, auch das Hilfreiche daran.

Auch an die Späße und die Schnäpse nach einer solchen Dorfbeerdigung erinnerte ich mich. Nicht immer ging es so derb zu wie bei der Leiche, die mir besonders lebhaft im Gedächtnis geblieben war, bei ihr war die Trauer in einen Rausch des Sicherinnerns und Zum-Besten-Gebens der zünftigsten Tollheiten des Verstorbenen umgeschlagen. Die Leiche, so sagte man zu einer Trauerfeier. Ein Mann ging herum, der Leichenbitter, und bat die, die es anging, im schwarzen Anzug natürlich, zur Leiche.

Die lustige Leiche hatte sich bei einem Teil der Verwandtschaft zugetragen, der Kraftmenschen hervorbrachte, rauhe Kerle. Laut wurde es, der Schnaps ging herum, und am Ende gingen alle Trauernden bester Dinge heim. Wilde Geschichten aus dem Leben des Toten wurden erzählt. Wie er es allein mit einem widerspenstigen Ochsen aufgenommen, wie er siegreich einen Kampf mit mehreren Gegnern bestritten und nach einem deftigen Besäufnis noch seinen Mann gestanden hatte. Die Männer ehrten ihn so, es war ihre Art zu trauern, ohne trübselig zu werden, das lag ihnen nicht. Sie hielten ihn noch eine Weile so fest, wie er gewesen war, und sprachen sich, indem sie ihn hochleben ließen, selbst Mut zu für die unausweichliche Stunde. Die Frauen dieser Männer hatten sicher ihre liebe Last mit ihnen, sie waren unzähmbar. Aber die Frauen waren keine geringere Macht und manch eine vom selben Schlag.

Die Trauerfeier im Wald löste sich nun auf, die Gäste gingen zu ihren Wagen, einer blieb zurück, der Gärtner der Stätte. Er gehörte zu den Menschen, die einer Plauderei am Rande ernster Dinge nicht abgeneigt sind. Ja, er lebe recht gut davon, erzählte er, es seien vier, fünf in der Woche, die sich am Fuße eines Baumes begraben ließen. Dann nannte er eine Zahl, die mich erstaunte: tausendfünfhundert. So viele etwa lägen schon hier, und es würden immer mehr. In einem letzten Versuch, mein angeschrammtes Weltbild zu retten, sagte ich, da seien doch sicher viele aus Städten darunter. Er schüttelte den Kopf. «Nein, fast alle sind aus den Dörfern hier.» Man teile sich die Plätze. Zehn oder zwölf Urnen passten zwischen die Wurzeln eines großen Baumes. Meist würden Buchen gewählt, einige wünschten sich eine Eiche und manche einen Baum für sich allein, das sei viel teurer, als einen zu teilen. «Aber dann hat man keine Nachbarn», sagte er, lachte leise und wandte sich wieder seiner Arbeit zu.

Ich ging tiefer in den Totenwald hinein und sah, wie populär er war, der Wille zu verschwinden. Die winzigen schwarzen Schildchen an den Bäumen, darauf meist nur der Name – konnte man ihn deutlicher äußern, den Wunsch, fast spurlos zu gehen? Kein sichtbares Grab hinterlassen, kein Mal, kein Kreuz, kein Wort, kein Bild, nur den Namen klein an einem Baum. Ich hatte kein Recht, darüber zu urteilen, es zu bemerken aber schon.

Es schien mir ein stiller und doch gewaltiger Bruch zu sein. Seit den erzählbaren Anfängen, durch die bekannten Zeiten und Religionen hindurch hatten sich Menschen darum gesorgt, nur ja ihren Verstorbenen den Weg in jene andere Welt zu bereiten und ihr Andenken in dieser zu bewahren. Gewaltige Bauten wurden dafür errichtet, Zeremonien ersonnen, kühne Ideenwelten. Nun also das Gegenteil. Warum?

Mit dem Förster sprach ich darüber, mit dem Erbprinzen und auch mit dem Fürsten. Letzterer erzählte, ihm seien anfangs Einwände zu Ohren gekommen, dass dies eine unchristliche Begräbnisform sei. Er machte klar, was er von solchen Einwänden hielt: nichts. Der Förster sagte, für sich selbst habe er schon einen Platz im Urnenwald gekauft. Er kam von jenseits der Grenze und war katholisch aufgewachsen, einen Gegensatz dazu sah er nicht. Seine Mutter habe anfangs mit der Idee eines Grabes im Wald gehadert und es als möglicherweise unchristlich empfunden, aber ein Besuch dort habe sie überzeugt.

Das verstand ich, der Wald hat etwas Tröstendes. Und den Förster verstand ich auch, schließlich hat man immer schon Förster im Wald begraben oder ihnen immerhin Denkmale dort errichtet. Auch wie mir der Erbprinz die Sache erklärte, leuchtete ein. Es habe mit dem heutigen Leben zu tun, viele Jüngere zögen in die Städte, ein herkömmliches Grab auf einem Friedhof zu pflegen, sei aufwendig und auch nicht billig, ein der Natur überlassener Urnenwald brauche keine Pflege und nehme den Kindern diese Last.

Was er beschrieb, kannte ich gut, diese Art der Leute auf dem Land. Sie dachten praktisch, im Leben wie im Tod. Den Kindern keine Last sein, die Dinge, auch die letzten, so regeln, dass sie den Lebenden keine unnötige Mühe bereiten. So hatte auch meine Mutter gedacht und ihre Mutter, und wahrscheinlich hatten die Mütter davor auch so geredet. Aber es wäre ihr nicht in den Sinn gekommen, im Wald zu verschwinden. Ich hatte, als es so weit war, alles so gemacht, wie man es machte, und nicht anders. Diesmal wenigstens hatte ich mich in die lange Seinsreihe gestellt und war nicht ausgeschert. Darin lag ein Trost. Tun, was zu tun ist. Nur auf den Schnaps und die Zigarren haben wir verzichtet. Ein Fehler wahrscheinlich, ein lässlicher.

NEUNHUNDERT JAHRE

Ich hatte den Mann, dem ich die Hütte verdankte, auf gut dreißig geschätzt und erfuhr irgendwann, er war wenig älter als Mitte zwanzig. Mein Irrtum mochte an seinem Bart liegen, aber je öfter ich den Erbprinzen sah in diesem Sommer, desto stärker wurde der Eindruck, es war nicht der Vollbart allein. Er hatte mehr durchgemacht als andere in seinem Alter. Ein Ernst war in sein Leben getreten, der so früh sonst eher nicht hereinbricht in Friedenszeiten. Ein schwerer Unfall, eine lange Zeit der Genesung, es gab, so schien mir, ein Leben davor und eines danach.

Manchmal besuchte er mich in der Jagdhütte, ich hatte den Eindruck, er genoss es, hier draußen zu sein, zumal an heißen Tagen, wenn es im Wald angenehm frisch war. Etwas Kopfzerbrechen bereitete mir die Bewirtung. Seinen ersten Besuch hatte er für einen Nachmittag angekündigt, und ich versuchte, ein Minimum an Gastlichkeit herzustellen. Sich die Blechtasse, die ich selbst in Gebrauch hatte, mit mir zu teilen, war unzumutbar. Und ihm, als sein Gast, der ich schließlich war, einen Teller oder gar einen Pappteller aus dem Schrank seiner eigenen Jagdhütte vorzusetzen, gefiel mir auch nicht.

Ich besann mich auf das königlich-bayerisch gestempelte Goldrandgeschirr der Großeltern, es musste noch im Haus sein, in irgendeinem Schrank. Tatsächlich fand ich es und nahm zwei Teller und zwei Tassen und einen großen Vorlegeteller mit handgemaltem Hirsch mit in den Wald, besorgte Mohnkuchen und kochte den üblichen Kaffee auf dem Gaskocher. Er schmeckte ziemlich metallisch aus der billigen Schraubkanne aus dem Outdoor-Outlet und wurde schnell kalt darin, aber in Großmutters Goldrandtassen sah er wenigstens gut aus.

Zu meiner Erleichterung trank mein Gast seinen Kaffee schwarz, das ersparte es mir, ihm eines der H-Milch-Portionsdöschen anzubieten, die ich im Wald in Gebrauch hatte. Der Mohnkuchen kam gut an, der Metallic-Kaffee offenbar auch, er schien amüsiert, als ich ihm die Goldrandtassen servierte, und das Beste war, das alles war nicht so wichtig. Wir sprachen über das Leben in der Stadt und hier draußen. Er kannte beides und hatte sich für diese Welt entschieden – hier draußen sein, beim Förster sein, Jäger sein, Waldbesitzer. «Man liebt es, oder man hasst es, es gibt nichts dazwischen.»

Was er über seine Kindheit erzählte, erinnerte mich an meine, die viel weiter zurücklag. Er sei als Junge im Wald gewesen, bis es dunkel wurde. Offenbar hatte dieses sorglos freie Leben hier länger überlebt, als ich dachte. Und vielleicht gab es einem Jungen, der das Glück hatte, es zu leben, etwas mit, das nicht so leicht zerstörbar war und einigem standhielt, was kommen mochte.

Wie er über das alles sprach, passte zu dem, was mir der Förster erzählt hatte. Er war etwa so lang im

Dienst des Fürsten, wie dessen Sohn alt war, gut fünfundzwanzig Jahre. Er sei schon als Kind viel im Forsthaus gewesen und mit im Wald unterwegs, er kenne den Wald wie kaum ein Zweiter. Es sei vorgekommen, erinnerte sich der Förster, dass in der Jagdsaison frühmorgens sein Telefon schellte und der Prinz, bevor er in die Stadt fuhr, in der er studierte, ihn fragte: Wollen wir noch einen Bock schießen?

Inzwischen, nur wenige Jahre später, trug er die Verantwortung für das, was eben noch ein Vergnügen eines sorglosen jungen Mannes gewesen war. Und die Sorglosigkeit hielt nicht an, er hatte nicht das Glück, sein Erbe einfach weiterzuführen und den Ertrag zu genießen, er übernahm den Wald seiner Familie im Moment höchster Bedrohung, ihm fiel die Aufgabe zu, ihn zu retten. Ihn durch die Zeit der Plagen, der ausbleibenden Einkünfte zu bringen, den Wald neu zu denken.

«Man denkt hier in Jahrhunderten.» Dieser Satz fiel so nebenher beim Kaffee vor der Hütte. Er klang pathetisch, ja verrückt in einer Zeit, die nur noch aus Gegenwart zu bestehen scheint. Hier – Jetzt – Ich. Ein Bühnenlicht, gerichtet auf dieses Jetzt, alle andere Zeit im Dunkel. Mein Gast hatte aber so gar nichts Pathetisches an sich. Es hätte schlecht zu seinem Wesen gepasst, er war schnell im Geiste und schlagfertig und betrachtete, was um ihn her vorging, ausgesprochen wach. Man denkt in Jahrhunderten, er meinte das so sachlich wie der Kapitän, der den Bremsweg seines Schiffes kennt und damit rechnet.

Der Wald, der ihm aufgetragen war, ernährte seine Familie, und Bäume wuchsen langsam. Was er jetzt tat oder versäumte, würden die Enkel und Urenkel ernten oder eben nicht. Er müsse sich heute um den Wald der Jahre 2120 bis 2130 kümmern und verlasse sich bei seinen Entscheidungen, was sonst, auf die Wissenschaft. Sie berechne Modelle eines künftigen Waldes, der Stürme, Käfer und Hitze zu überstehen vermag und von dem die Generationen nach ihm leben können. Er veranschlage, dass ihm manches misslinge, vielleicht zu fünfundzwanzig Prozent. «Und ich hoffe, der Rest reicht, um meine Familie in hundert Jahren zu versorgen.»

Wieder kriegten es die Romantiker ab. Leute, die in seinen Augen den Wald verklärten. In den Städten habe man romantische Vorstellungen vom Wald, dies und das daran sei schön, dieser und jener Baum. «Nein, alle sind schön.» Er spielte auf die Idee vom natürlichen Wald an, vom deutschen Urwald, auf die Ablehnung fremder Baumarten, die mit Hitze und Trockenheit besser zurechtkamen, im Namen einer so verstandenen Natürlichkeit.

Solch ein fremder Baum war die Douglasie, sie stärker zu pflanzen, sah der Förster als einen Weg an, die verlorene Fichte zu ersetzen. Die kalifornische Einwanderin mit der dicken Borke vertrug die Hitze nun einmal besser als die heimische Fichte. So sah es auch der Erbprinz. Wenn es nötig wurde im Streit mit den Deutschwaldidealisten, dachte er in Jahrtausenden. Bis vor der letzten Eiszeit sei die Douglasie hier gewachsen, dann nicht mehr und jetzt wieder. «Na und? Die Natur kennt keine starren Definitionen, was fremd und was eigen ist.»

Der Kaffee war längst kalt geworden und eine gute Stunde vergangen. Er versprach wiederzukommen und fuhr zurück ins Schloss. Ich bewunderte seinen Gleichmut. Nie hörte ich ihn ein Wort über den Unfall verlieren, geschweige denn klagen. Nie wirkte er verzagt, wenn es um den Wald ging, der in großen Teilen gerade starb. Ich fragte mich, ob diese Gelassenheit etwas mit seiner Familie zu tun hatte, mit der Tradition, in der er stand, mit diesen neunhundert Jahren.

Es waren neunhundert Jahre Überlebenstraining. Momente, in denen das Band hätte reißen und das Fürstenhaus hätte untergehen können, gab es reichlich. Das Band riss aber nicht. Den Grafen und späteren Fürsten gelang es immer wieder, sich zu erhalten gegen mächtige Nachbarn. Mehrmals stand das kleine Land vor dem Bankrott, sei es aus eigener Schuld, weil es sich übernahm, etwa beim opulenten Schlösserbau, sei es infolge von Kriegen europäischer Mächte, die es als Aufmarschgebiet nutzten und gnadenlos plünderten. Eine gesunde Ration Opportunismus half zu überleben. Mal verbanden sich seine Fürsten, selbst protestantisch, mit protestantischen Mächten. Mal schlugen sie sich auf die Seite des katholischen Kaisers und dienten ihm als Diplomaten oder Feldherren; im Schloss wurde noch immer die Sammlung türkischer Waffen verwahrt, die einer von ihnen vor Wien erobert hatte. Half auch das nicht mehr, schafften sie es, staatserhaltend zu heiraten. Und stand ihnen das Wasser trotzdem bis zum Hals, traten sie zur Not einen Teil ihrer Souveränität an mächtige Schutzherren ab und ließen sich den Fürstenstaat finanzieren. In ihren neunhundert Jahren hatten sie alles getan, um zu bleiben – was immer die Zeit forderte. Und sie waren noch da.

Das Band, das nicht riss, war auch aus Namen gewebt. Nicht nur Titel und Erbe banden die Generationen, sogar die Taufnamen. Darauf wurde geachtet, sich aus dem Kanon der Namen all der Grafen und Fürsten und Gräfinnen und Fürstinnen der neun Jahrhunderte zu bedienen. Wie Motive in einer Musik klangen diese Namen durch die Zeit. Prinzen von heute hießen wie ein Vorfahr aus der Renaissance oder ein Ahn aus dem Hochmittelalter. Das band, half – doch hob es einen auf eine Höhe, von der aus sogar ein sterbender Wald, so schlimm er sich ausnahm, keinesfalls ein Grund war, den Kopf hängen zu lassen?

Ich hatte ihn danach gefragt, nach seiner Stellung im Land, seiner Familie, was ihm das alles bedeute. Er hatte knapp geantwortet. «Es ist eben so, ich bin so groß geworden, ich kenne es nicht anders.»

Ein Moment fiel mir aber doch ein, in dem die neunhundert Jahre plötzlich ganz gegenwärtig wurden. Mein erster Besuch im Schloss, als ich mich ihm vorstellte. Es ging um die Jagdhütte, und irgendwann streiften wir Historisches. Als ich erwähnte, noch sein Urgroßvater habe das Fürstentum regiert bis vor hundert Jahren, da blitzte etwas in seinen Augen auf. Wie aus der Pistole geschossen korrigierte er: «Bis vor hundertundein Jahren!»

Belustigt sagte er das, ein Scherz, natürlich, aber kein ganz unernster. Seine Schlagfertigkeit verriet beides, Sinn für Ironie, aber auch einen hellwachen Sinn für diese vergangenen Dinge, die eben nicht völlig vergangen waren – ein nicht rückstandslos verglühtes Standesbewusstsein: Ich habe dieses Thema nicht gesucht, aber wenn wir schon darüber reden, wann wir abgedankt haben, dann bitte genau.

VERSCHWENDUNG

Ich wusch die Goldrandtassen und Teller, eine Katzenwäsche unterm Rinnsal aus dem Wasserkanister musste genügen. Ich hackte ein bisschen Holz, später am Nachmittag kam der Friseur, und ich begleitete ihn auf seiner Fütterungstour. Er war in meiner Stadt gewesen, ein seit langem fortgezogener Freund lebte dort, es ging ihm nicht gut, eine Krankheit. Ich hörte heraus, dass der Freund sehr allein war. Wir fanden einen Eulenkasten an einer umgestürzten Buche. Er war mit starkem Draht am Stamm befestigt und der Draht ins Holz gewachsen, aber der Friseur hatte einen guten Hammer in seinem Pick-up, mit dem kriegte ich den Kasten vom Baum. Wir nahmen ihn mit zur Hütte, er wollte ihn wieder richten und aufhängen.

Abends ging ich in den Wald, die Wege kannte ich inzwischen gut, die Zeichen, die Flurnamen, die Täler und Anhöhen. Jedes Land hat seine Waldbilder. Italienische sind voller Häuser, antiker Ruinen, Aquädukte. Amerikanische sind wie Filmmusik, weitwinklig, grandios. Deutsche sind wie aus Märchen und Sagen, heimlich, unheimlich. All die Köhlerhütten, Hohlwege, brüchigen Hänge, einsam Reisenden unter bergenden Rieseneichen. Der Wald ist groß, der Mensch ein Zwerg, sagen die Bilder.

Ganz falsch, sagt diese Zeit – der Mensch ist mächtig, der Wald schutzlos und schwach. Er muss vor dem Menschen gerettet werden, am besten, er wird wieder ursprünglich, ein deutscher Urwald.

Ich war nicht so sicher. Was immer der Mensch im Wald tat und baute, ich sah es jeden Tag bei meinen Waldgängen, bald war es morsch und hin. Moderte, verwitterte, stürzte ein. Wildzäune, Hütten, Hochsitze, Erdsitze, an allem arbeiteten Nässe und Hitze, Frost und Zerfall, selbst an Steinbauten. Wie bald überzog es sie graugrün und schlierig. Und das war nur ein Sinnbild. Ich hatte gesehen, was Stürme mit dem Wald gemacht hatten, wie schutzlos war er gegen sie. Nicht zu reden vom Käfer, der drauf und dran war, ihn halb umzubringen.

Um die Macht, die die sonstige Natur über den Wald hatte, zu begreifen, musste ich nur noch etwas tiefer hineingehen, dann stand ich über dem Kahlhang, der noch vor kurzem ein Forst gewesen war. Kahl war er aber nur von ferne. Wer näher herankam, sah die Feier des neuen Lebens in der Sturmbrache. Es spross überall aus der Erde. Befreit vom ewigen Schatten des alten Waldes, schoss ein neuer auf, alle Nahrung und alles Licht standen ihm frei. Junge Bäumchen drängten durchs Gestrüpp, Waldkräuter wucherten, Gräser, unverwüstlich, belebten die Wüstung. Auch die Waldbrombeere, der Schrecken der Förster, machte sich daran, die Riesenbrache zu erobern. Alles Land, das sie nahm, würde keinem Wald mehr Raum geben zu wachsen. Hier war ich mit dem Förster gewesen. Er war in das neue Leben hineingestapft, wandte sich hierhin und dorthin, zupfte an etwas, pflückte und brach es, zerrieb es zwischen Daumen und Zeigefinger, prüfte es, roch daran.

Manches hatte er pflanzen lassen, Pappeln zum Beispiel. Wie Stöcke steckten sie im Waldboden. Stöcke, aus denen Leben spross. Die meisten trieben schon aus, hier wuchs ein Pappelwäldchen heran. Ein Stock wirkte leblos, der Förster zog ihn aus der Erde, nahm sein Schweizermesser, mit dem er auch den Kuchen mit den Waldarbeitern teilte, schnitt ein Stück Pappelstock ab und steckte den Rest zurück in den weichen Waldboden. Das kleine Stück schnitt er der Länge nach auf, legte das Innere frei und hielt es mir unter die Nase. «Riecht nach Vanille, oder?» Es roch nach Vanille. Er warf es weg, riss ein Kraut aus und hielt mir nun dieses hin. «Riecht nach alter Tennissocke, wie?» Es roch nach alter Tennissocke. «Rossminze.» Jetzt wandte er sich einem frisch entsprossenen Nadelbaum zu. Riss einen Trieb an, einen feinen Rasierpinsel, grüner als grün, roch daran und gab ihn mir. Wie weich er war, wirklich wie ein Rasierpinsel. «Und, riechen Sie's?» Ich roch, und als ich es nicht gleich sagte, rief er: «Zitrone!» Ja, Zitrone, deutlicher noch als Tennissocke. Er nickte. «Douglasie.»

Weiter ging es, er führte mich zu einem mächtigen Baum, einer ausgewachsenen Douglasie, holte wieder sein Messer hervor und schnitt einen Brocken aus ihrer dicken Borke, das Messerchen drang kaum durch. «Wissen Sie, warum sie so dick ist?» Wegen der häufigen Waldbrände drüben in Kalifornien habe sie sich ihr dickes Fell zugelegt. Robuster gegen Hitze und Trockenheit als die empfindsame deutsche Fichte, könne die Kalifornierin sie vielleicht ersetzen.

Der Förster kam mir vor wie ein Sanitäter, ein Notarzt am Wald. Und der Wald wie ein Bauer. Er versorgte den Menschen, lieferte ihm Holz, gutes Wasser, gute Luft, wie im Spruch an der Wand meiner Hütte. Und der Mensch – wenn er einer war wie der Förster – stand ihm bei, wenn es ihm elend ging und Feinde ihm ans Leben wollten.

Auf einer unserer Touren bremste er ab, übers Lenkrad gebeugt, suchte etwas, bremste scharf, sprang aus dem Auto, winkte mir, ihm zu folgen, schlug sich in ein Dickicht aus Bäumchen, eng stehend wie Halme. Er stapfte voran, ich kraulte mit beiden Armen hinter ihm her durch Zweige und Äste. «Da vorn muss es sein.»

Er fand die Reste eines verrotteten Zauns, der angelegt worden war, um die Pflanzung, durch die wir tauchten, vor Rehen zu schützen. Der Zaun schied einen vor ihnen geschützten Bestand vom ungeschützten – und der Ausgang des Versuchs war unübersehbar, auch für einen Laien wie mich. Das geschützte Wäldchen war deutlich höher gewachsen als seine den Rehen ausgesetzte Umgebung. Und obendrein hatte der Zaun die angepflanzte Vielfalt bewahrt. Drinnen überlebten Ulmen, Tannen und andere eher rare Arten, draußen nur Buchen und Fichten. Die Rehe, erklärte mir der Förster, seien Feinschmecker. Sie mieden, wenn möglich, die Standardkost und machten sich lieber über exotische Sprösslinge her. Sie konnten es sich leisten, wählerisch zu sein mit ihren kleineren Mägen. Anders als etwa die Hirsche, die große Mägen zu füllen hatten und darum fraßen, was der Wald an Standardgrün hergab.

Besonders gern gingen die Rehe an die zentralen Knospen, die wiederum für ein gerades Wachstum des Bäumchens sorgten, für einen ebenso prächtigen wie nutzbringenden Baum – die Terminalknopse, wie ich gelernt hatte. Was für ein Wald herauskam, wenn die Rehe ihren Appetit darauf gestillt hatten, war ringsum zu sehen. «Zwiesel» nannte es der Förster. Des Organs beraubt, das das Bäumchen himmelwärts streben ließ, degenerierte es zum buschigen Etwas, einem Zwiesel eben, weder nützlich noch schön. Das Reh also als vierter Feind des Waldes, nach Sturm, Hitze, Käfer?

Er widersprach. Manche Förster sähen es so. «Aber ich nicht, für mich sind Rehe kein Feind, ich sehe sie gern im Wald.» Aber man müsse sie schießen. Eigentlich müsse alles geschossen werden, was zu sehen sei, denn zu sehen seien die wenigsten Rehe. «Sie sind unheimlich gut.» Gut darin, unsichtbar zu sein. «Es sind immer mehr Rehe im Revier, als man zählt.» Er wolle die Zeit nutzen, in der die weiblichen Rehe die Jährlinge, die sie bei sich duldeten, solange sie klein waren, wegjagten. Diese Jungtiere streiften dann auf sich gestellt durch den Wald und waren leichter zu schießen als die älteren, erfahrenen Tiere. Er war beides, Förster und Jäger. Lange war das eine Feindschaft gewesen.

Der historische Adel wollte jagen und jagte oft exzessiv, weit über den Bedarf hinaus. Barocke Fürsten rühmten sich Tausender Trophäen, darum ging es ihnen vor allem anderen, der Wald litt unter dem Primat der Jagd. Dieser Krieg war vorüber. Das Fürstenhaus wollte beides, jagen und vom Wald, vom Holz leben. Und der Förster versuchte, beides in der Balance zu halten. Was umso schwerer wurde, je mehr Stürme und Käfer dem Wald zusetzten. Ein gesunder Wald ertrug mehr Rehe als der sieche jetzt.

Übermächtig war nicht der Förster, der Mensch, er kämpfte gegen die Plagen und plagte sich selbst ab mit dem Versuch, dem Wald beizustehen – um ihn zu nutzen, natürlich. Übermächtig war aber auch nicht der Wald – er litt unter den Plagen. Aber er reagierte auf die Todesgefahr mit einer verzweifelten Grandezza, zu der nur die wenigsten Menschen fähig wären. Auch in Friedenszeiten ohne Plagen und Attacken war er der große Verschwender, völlig maßlos, kein Vergleich mit unserer Spezies. Maßlos säte der Wald seinen Samen, warf damit nur so um sich, ließ ihn, versehen mit Flügelchen, fliegen, ließ ihn von Vögeln verbreiten oder herabregnen in Mengen, die die Erde bedeckten, und das alles nur, um ein paar neue Bäume zu zeugen. Denn seine maßlose Saat ging nur in Bruchteilen auf. Mit der Verschwendung des Waldes konnte der Mensch es nicht aufnehmen, dagegen stand er als armseliger Knauser da. Ich fragte den Förster, ob er in dieser Maßlosigkeit einen Sinn erkenne. Er antwortete prompt und lakonisch: «Damit die fittesten Bäume durchkommen, nur darum.» Ein Vitalist war der Wald, und in Lebensgefahr erst recht. So sturmzerfetzt und käferzerfressen er war, er antwortete auf sein Elend mit manischer Verausgabung – mit einem verzweifelten: Jetzt erst recht! Er drosselte nicht etwa die Aussaat, um Kraft zu sparen, er steigerte sie. Ums unbedingte Überleben ging es, wenn nicht um seines, dann um das der nächsten Waldgeneration.

Manchmal fiel das Wort Stress, dieses Menschenwort. Unter Stress waren die Bäume in heißen, trockenen Sommern geraten, mehreren hintereinander. Die Buchen mit ihrer dünnen Haut litten, ihre Wurzeln fanden zu wenig Wasser im Boden. Gewöhnlich, in guten Zeiten, trieben Buchen und Eichen nur alle paar Jahre Bucheckern und Eicheln hervor, nun, unter Stress, fast jedes Jahr. Eine Verausgabung, die sie erst recht schwächte, ein Segen wiederum für die Sauen. Angesichts solchen Überflusses frischten sie nun zweimal oder gar dreimal im Jahr, gebaren also Ferkel, statt einmal wie früher. Im späten Sommer trafen wir eine Rotte, um deren Bachen vor kurzem geborene Ferkel sprangen – zum vierten Mal in diesem Jahr. Auf Überlebensstress, so schien es, antwortete der Wald mit umso größerer Lebensverschwendung. So hielt es das Paradies in Zeiten seiner Bedrohung.

Die Wunden, die ihm geschlagen wurden in diesem Sommer, sah ich überall bei meinen Streifzügen. Andere Waldbesitzer schienen aufgegeben zu haben, ihre Wälder sahen aus wie räudige Felle, bräunlich gefleckt, halb kahl. Im Revier des Försters und in den anderen Revieren der Fürstenfamilie hatte man das tote Holz abgeräumt. Diese Wälder waren gezeichnet, gelichtet, gerupft, aber der Mensch gab sie nicht auf, der Förster schon gar nicht. In manchen Winkeln glich sein Revier den alten Waldbildern noch immer. Sie waren nicht tot.

Ein Wald im Innersten des Landes, vom Menschen weiträumig gemieden auf seinen Autobahnen und Flugrouten. Eine Stille, nie ganz still. Ein ferner Motorenlärm, noch ferneres Düsenraunen, Geräusche am Rande der Wahrnehmung, nicht anders als der Hummelflug dort über der Wildwiese. Es grollte ein wenig daher und hatte nichts zu bedeuten, viel zu weit weg. Was war, war hier. Hier fiel die Nacht vom Himmel, ich machte mich auf den Rückweg zur Hütte, an der Zeichenbuche vorbei, der mit dem Gablergehörn. An der Spinne vorüber, bleiches Gebein im aufgehenden Mondlicht. An den Obstbäumen noch, zu meiner Überraschung war die Jagdhütte erleuchtet. Ich hatte die Handlampe angelassen.

DIE WALDESLUST

So hieß ein Lied, das die Kirmeskapelle spielte, wenn sie vor unserem Haus hielt. Sie hielt vor jedem Haus, spielte das Lied, das man sich wünschte, bekam dafür eine Runde Schnaps und zog weiter. Meine Mutter wünschte sich immer die Waldeslust. Eine Sentimentalität vielleicht, ein Gedanke an ihre jungen Jahre, als sie in den Wald gegangen war, vor allem aber wollte sie, dass die Kapelle schnell weiterzog, sie mochte solche Szenen nicht. Bloß nichts Kompliziertes, das Lied wie immer, ihr wisst schon, die Waldeslust, und die Musiker spielten das Lied ein paar Takte lang an, tranken den Schnaps und liefen weiter. Ein wirklich sentimentales Lied, die Luuust wurde geradezu unanständig in die Länge gezogen und reimte sich auf Bruuust. Ein Veralbern der Lust wie des Waldes mit Pauke und Trompete. In meiner Brust erregte der Wald eher Sensationen der Stille, auf dem Hochsitz, auf Pfaden, Anhöhen oder an hochsommerlichen Mittagen, wenn die Wärme so erdig war, als entsteige sie dem Boden, so trocken, dass ich sie riechen konnte. Alles schwieg jetzt, selbst die geschwätzigsten Vögel, die Maus ließ ihr Huschen im Laub und verharrte, als hielte der Mittag den Atem an und warte auf etwas, das gleich geschehen würde – ich war kurz davor, den eigenen Herzschlag zu hören.

Einen Waldsee gab es unweit der Hütte, darin könne ich mich an heißen Sommertagen erfrischen, hatte der Förster gesagt. So makellos glatt lag sein schwarzes Wasser im Walddämmer, dass langbeinige Insekten darüberliefen, als sei der See matt lackiert. So still, als habe jemand Stille befohlen. Etwas Mooriges hatte das Wasser, wenn ich hineinglitt. Etwas Altes war um die Höhen mit ihren knorzigen Namen, in denen ein Kult nachhallte, ein kurioses oder ein grausiges Ereignis. Und etwas vom Menschen, auch der alte Wald war kein menschenferner Urwald gewesen.

Hirschkopf. Großes Hegeholz. Rotes Ufer. Schwarze Pfuhle. Winterberg. Mohrenberg. Helle Seite. Märchenwiese. Und wer genau hinsah, erkannte den Waldweg, der aus dem Wald hinausführte, in Richtung des Schlosses – kein Waldweg wie alle, eine Eichenallee, vor Generationen gepflanzt aus eben diesem Grund, zum Schloss zu führen.

Einmal, als ich von einem Hochsitz zur Hütte kam, traf ich die zahme Fähe an, sie bog um die Ecke der Scheune und sah mich an, floh aber nicht. Der Förster hatte mir erzählt, sie fresse ihm aus der Hand. Reste eines Jagdmahls hatten die Füchsin zur Hütte gelockt. Einige Jungjäger hatten nicht warten wollen, bis das Fleisch eines von ihnen geschossenen Rehbocks abgehangen war und es gleich übers Feuer gelegt. An dem wenigen Gras vor der Scheune klebte glasig sein johannesbeerrotes Blut, die Fähe untersuchte es und ließ mich gewähren, als ich mich auf die Bank vor die Hütte setzte und ihr zusah.

Auch Rehe näherten sich der Hütte, die doch der

Jagd auf sie galt, aber nur nachts und nur wenn es dort etwas Besonderes gab. Der Zaun, zum Wald hin offen, hinderte sie nicht, in den Hof zu kommen, und der ahnungslose Schläfer bemerkte sie nicht. Erst am anderen Morgen verriet ihre Spur, eingekerbt im Boden, ihre nächtlichen Besuche, bis zum Tisch vor der Hütte waren sie gekommen, ein paar Armlängen entfernt von meinem Feldbett.

Bestimmt witterten sie mich hinter der Bretterwand. Ich fragte mich, ob sie so frech waren, mich durchs Fenster im Schlaf zu betrachten. Ihre Feinschmeckerei hatte sie hergelockt, unter der großen Buche waren Hunderte Keimlinge aufgegangen, darauf waren sie aus, und sie ließen nichts übrig. Früh hinaustretend, fand ich die zartgrünen Keimblätter sämtlich gerupft und den Hof wieder so kahl wie im Winter.

Ein eigener Zauber umwebte meine Rückwege in der anbrechenden Nacht, sei es von einem Gang durchs Revier oder vom Hochsitz. Einmal hatte mich ein Gewitter vom Sitz vertrieben, Blitze zuckten, aber der erlösende Regen blieb aus. Eine Spannung lag in der Luft, der Wald schien heller zu werden statt dunkler zu dieser späten Stunde, die übriggebliebenen Lärchen und Fichten an dem sturmgelichteten Hang, an dem ich vorübermusste, standen in einem schwefligen Licht. Nie empfand ich mein Alleinsein im Wald so überdeutlich wie bei diesen Gängen in hereinbrechender Nacht.

GROSSE HERBSTJAGD

Noch vor Tagesanbruch rollten die Wagen in den Schlosshof, heraus stiegen die Jäger mit ihren Waffen. Leise geschah das, der weite Hof füllte sich im fahlen Licht des Vollmonds. Bald würde das Tageslicht die mehlweiße Scheibe vom Himmel löschen. Mancher Jäger kam von weit her und war Stunden gefahren, andere stammten aus der Gegend. Über sechzig würden es heute werden. Wer man auch war, adlig oder nicht, mit dem Jagdherrn vertraut oder nur flüchtig bekannt, der erste Weg führte zu ihm. Er empfing sie, einer nach dem anderen trat hinzu, zog unter einer angedeuteten, mitunter auch durchgeführten Verneigung den Hut oder lüftete ihn kurz und begrüßte den Erbprinzen mit Handschlag. Wer ihn gut kannte, wechselte ein Wort mit ihm, je näher man sich war, desto zwangloser und scherzhafter. Man erzählte sich von früheren Jagden, erzählte sich in die große herbstliche Treibjagd hinein.

Auch die Treiber fanden sich ein und die Hundeführer, jeder mit seiner Meute. Sie und die Jäger waren an ihrer Kopfbedeckung zu unterscheiden. Viele Jäger trugen Hüte, die Treiber stets Kappen, auch ich. Einem Trupp von ihnen wurde ich zugeteilt. Stundenlang würden wir, Ketten bildend, durch lichten, oft aber durch jenen dichten Wald dringen, in dem das Wild lag; ein

Hut wäre dabei lästiggefallen, hundertmal hätten ihn uns Äste und Zweige vom Kopf gewischt, darum die fester sitzenden Kappen.

Und doch schied uns Treiber von den Hutträgern mehr als solche Zweckmäßigkeit, es war nun einmal etwas anderes, ein Jäger zu sein oder ein Jagdhelfer. Eine Beobachtung fiel mir ein, die ich bei meiner Wanderung durch Nordamerika gemacht hatte, durch den Mittelwesten. Die Yankees im Norden, von den beiden Dakotas an bis hinab nach Nebraska, trugen gemeinhin Kappe, ein Stück Arbeitskluft eigentlich, und hierzu passend war ihr «you», mit dem man sich ansprach, ein egalitäres «du». Der Süden begann, wo Unterschiede gemacht wurden, wo die Herren anfingen, Hüte zu tragen und man ein «Sir» oder «Ma'am» in die Anrede flocht, was das «you» des Südens zum «Sie» erhob. In Kansas setzte das ein und wurde in Texas zur Regel.

Hier in der Dämmerung auf dem Schlosshof mischte sich beides – Filzhut und Schildkappe, Jäger und Treiber, Aristokratisches und Egalitäres, die Grandezza des Südens und der Puritanerstil. Auch sonst trat dieser Unterschied zutage, wenn auch nicht bei allen. Etliche Jäger erschienen in jener einfachen, tarnfarbenen oder grünen Montur, wie einschlägige Jagdausrüster sie anbieten. Der Adel zeigte eine Vorliebe für Lederhosen, Westen, Janker und Stiefel, hier und da mit roten Stulpen, einige Herren trugen Krawatte, selbst wenn es zum Hochsitz ging. Bewaffnet erschienen aber nicht nur die Jäger, auch einige Treiber hatten lange Jagdmesser und eine Kurzwaffe dabei, wie der Anführer unseres Trupps, ein jüngerer Mann, hochgewachsen und von robustem

Humor, Jäger auch er, wochentags braute er Bier in einem Familienbetrieb der Gegend.

Unserem Trupp zugeteilt war auch ein Hundeführer, der für diese Jagd aus dem Südwesten des Landes angereist war, gut beleumundet, darum hatte man ihn eingeladen. Seine Jagdhunde hießen Wotan und Freia, Paulchen und Frikadelle. Er trug eine Saufeder mit sich, einen etwa zwei Meter langen Jagdspieß mit mächtiger Klinge an der Spitze, was ihm etwas Wildes und Archaisches gab – diese Jagdwaffe war schon im frühen Mittelalter in Gebrauch, Karl der Große, so berichtet es eine Chronik, erlegte mit ihr einen Keiler.

Das traute ich auch dem Hundeführer ohne weiteres zu, so wie er dastand, mächtiger Brustkorb, den Spieß, länger als er selbst, fest in der Hand, ein zur Jagd und zu allem, was kommen mochte, entschlossener Schwarzschopf aus dem Südwesten. Er war der Einzige heute, der diese uralte Jagdwaffe trug, ganz gewiss brauchte es Kraft, Geschick und Erfahrung, um den Sauspieß einzusetzen. Käme es zum Nahkampf mit einer Wildsau, gestellt von den Hunden, aber längst nicht besiegt, würde der Mann versuchen, ihr damit den Todesstoß zu versetzen. Mir gab er etwas Harmloses, einen Hartholzstock mit aufgesetztem Horn, um beim Treiben auf den Busch zu klopfen.

Es tagte nun. Vom Schlossportal her wurde zum Aufbruch geblasen, wir sammelten uns dort im Halbkreis, der Erbprinz eröffnete die Jagd, leicht erhöht, zwei Steinstufen über der Jagdgesellschaft, von dort aus etwa, wo man an jenem Sommerabend seinem Vater den

Stuhl hingestellt und der Fürst das heitere Treiben im Schlosshof überblickt hatte.

Jäger und Treiber wurden eingeteilt. Drei Treiben hatten wir zu absolvieren, jeweils anderthalb Stunden lang, zwei vormittags, das dritte nach der Mittagspause. Dann fuhren wir ins Revier meines Försters, die erste Jagd dieses Tages begann. Die Jäger hatten ihre zugeteilten Hoch- und Erdsitze eingenommen, unsere Aufgabe war es, das Wild aufzubringen und es ihnen zuzutreiben.

Eine Zigarette noch auf dem Waldweg, man zeigte einander die Jagdmesser und verglich sie; unser Anführer trug zwei am Gürtel, eines selbstgeschmiedet aus einem Rasenmäherblatt, wie er uns erzählte. Ein anderer Treiber zeigte sein Messer aus Damaszenerstahl, ornamental gearbeitet. Dann war es so weit, die Hunde wurden losgeschnallt. Sie schossen ins Unterholz, wir bildeten eine Kette, so gingen wir vom Weg her los – der Hundeführer mit seiner Saufeder, der Anführer mit seinen Messern und einer Pistole.

Wir alle trugen signalrote Westen, um für die Jäger weithin sichtbar zu sein. Auch den Hunden hatten wir rote Warnleibchen übergestreift, über GPS-Sender darin konnte der Hundeführer jederzeit kontrollieren, wo seine Meute gerade steckte. Aber abhängig war er von der Technik nicht. Das Gebell von Wotan, Freia, Paulchen und Frikadelle war weit durch den Wald zu hören, und je nachdem, wie es klang, wusste er, was gerade geschah. Ein Bellen ab und zu ohne große Dringlichkeit – der Spurlaut, die Hunde hatten Witterung aufgenommen und folgten ihr. Heftiges Gebell, dringlich jetzt – der Standlaut, sie hatten ein Wild gestellt. Gebell in hoher Tonlage – ein Reh. Klang das Bellen tiefer, wilder, hatten sie eine Wildsau aufgebracht.

Wir drangen ins Gehölz vor, achteten darauf, untereinander auf Sichtweite zu bleiben, und machten Lärm, um das Wild hochzubringen, mit Stock und Stimme, und auch damit die Schützen uns jederzeit hörten und orten konnten und keiner versehentlich in unsere Richtung schoss. «Ho-hopp! Ho-hopp!» Unser Ruf hallte durch den Wald, und es dauerte nicht allzu lange, da sprang etwas auf, ein Wildschwein rannte aus seiner Deckung fort, ein Rehbock ging hoch oder eine Ricke, oft erst im letzten Moment, wenige Schritte vor uns, vor mir.

Nie zuvor war ich so durch den Wald gegangen. Nicht auf Wegen und Pfaden – mitten hinein und hindurch. Es war, als lernte ich ihn erst jetzt kennen, als ginge ich erst jetzt in den Wald. Tatsächlich mitten hinein, denn dazu waren wir ja hier. Um aufzustöbern, was im Innersten des Waldes haust, das Wild, das unsereins immer wittert, hört, sieht, das wir Menschen aber höchst selten zu sehen bekommen. Sich so in den Wald zu schlagen, mitten hinein, wo er am tiefsten ist, war, wie sich mit einer Person, der man bisher immer gesittet gegenüberstand, plötzlich im Ringkampf zu befinden.

Dann krachten Schüsse, manche laut, viele leiser, etliche Jäger benutzten Schalldämpfer. Dass ein erfahrenes Wild sich von unserem Lärm nicht irre machen ließ, in seinem Versteck ausharrte und uns vorüberziehen ließ, war nicht nur möglich, es war wahrscheinlich. Manchmal kamen wir einem Hochsitz auf Rufweite nahe, dann tauschten wir uns kurz aus.

«Was vorbeigekommen, Herr Schütze?»
«Zwei Sauen, ein Schmalreh.»
«Zum Schuss gekommen?»

Das war nicht immer der Fall. Während wir unter einem Hochsitz standen, querte ein Wildschwein den Waldweg, in kurzer Entfernung, vielleicht zwanzig Schritte, ein Sekundenbild, bevor es ins jenseitige Unterholz tauchte – zu schnell das Wild, zu spät gesehen von uns allen, Pech für den Schützen.

Für das zweite Treiben wechselten wir das Revier, es ging nun gegen Mittag. Ungewöhnlich warm wurde dieser sonnige Herbsttag, sommerlich geradezu, was keinem aus der Jagdgesellschaft gefiel. Kalt sollte es sein, hörte ich viele sagen, um den Gefrierpunkt oder besser noch ein paar Grad darunter. So musste eine herbstliche Treibjagd sein, die Luft und der Kopf kühl, der Atemhauch in die Kälte aufsteigend, jedes Geräusch weithin hörbar, so waren sie es gewohnt, aber so war es nicht mehr. Die Hitze machte allen zu schaffen, den Jägern, die sich zwar nicht groß bewegen mussten auf ihren Hochsitzen und in ihren Erdsitzen, die aber ahnten, ihr erlegtes Wild könnte am Ende des Tages vielleicht nicht zur Strecke gelegt werden, weil es allzu schnell in die Kühlung musste, und eine Jagd ohne diesen zeremoniellen Abschluss empfanden sie als unrecht und unschön.

Wir Treiber mochten die Hitze erst recht nicht leiden. Schon nach einigen Minuten waren wir völlig durchgeschwitzt, und insgesamt hatten wir ja einen Parcours von vier, fünf Stunden zu absolvieren, über Stock und Stein durchs Dickicht. Am meisten aber, weit mehr als der Mensch, litten die Jagdhunde unter der Hitze, sie japsten und keuchten. Einige Treiber hatten Ersatzkleidung dabei und nutzten die kleine Pause zwischen den Jagden, um ihre völlig durchnässten Sachen gegen trockene zu tauschen. Wir waren froh, als es zum Mittagsplatz ging, so hieß die Waldlichtung, auf der bei solchen Jagden Gulaschsuppe und kühle Erfrischungen bereitstanden. Hier ließen wir uns an Tischen und auf Bänken nieder und rückten von den Feuern weg.

Auch Damen gehörten der Jagdgesellschaft an. Aber so weithin üblich – und mehr als das, so erstrebt und geradezu erwartet – wie beim Adel schien mir das Jagen in anderen Kreisen nicht zu sein. Mehr als einmal stand ich dabei, wenn nichtadlige Männer darüber sprachen, wie schwer es falle, eine Frau zu finden, die ihre Jagdleidenschaft wenn schon nicht teilte, so doch wenigstens tolerierte. Das einverständig leidvolle Nicken ließ darauf schließen, dass diese Malaise nicht nur dem jeweiligen Jäger oder Treiber vertraut war.

Als alle satt waren, ging die Fürstin mit dem süßen Korb herum und verteilte kleine Desserts, dann brachen wir zum dritten Treiben auf. Es ging nun in den Privatwald der Familie. Mit seinen vielen alten Eichen und Buchen und in seiner Vielgestalt unterschied er sich auf den ersten Blick von den anderen Revieren. Lichtungen, hoher, lichter und undurchdringlicher Wald wechselten sich ab, er glich nun wirklich den Bildern aus früheren Jahrhunderten. Und auch, eingezäunt, wie er war, den Tiergärten barocker Fürsten, von denen sonst oft nur der Name überlebt hatte. Dieser hier hatte selbst überlebt. Die beiden ersten Treiben galten Schwarzwild und Rehwild, im Tiergarten jetzt stand auch Damwild.

Der Elan, den wir in den ersten drei Stunden an den Tag gelegt hatten, ließ nach unter der Wärme, wir ächzten körperlich unter ihr, aber auch mental. Ein Empfinden, hier sei etwas falsch, diese sommerliche Hitze gehöre nicht in den Herbst, legte sich unangenehm jedenfalls auf mich. Die Hunde konnten nicht mehr, ihr Jagdinstinkt erlahmte zusehends. Sie schlugen kaum mehr an, wenn Wild aufgebracht wurde, und mussten angetrieben werden, um ihm noch einmal nachzusetzen und nochmal. «Alles ist müde», sagte einer von uns, «wir sind es, die Hunde sind es, sogar das Wild ist müde.»

Ich hatte alles ausgezogen bis auf Hose und Unterhemd und mir Schrammen geholt an den Armen und im Gesicht, das Gezweig, durch das wir drangen, ohrfeigte mich unentwegt, doch das geschah eher sacht, kleine Wunden rissen die Stacheln der überall wuchernden Waldbrombeere.

Plötzlich stand Damwild auf einer Lichtung, ein ganzes Rudel, reglos. Ein Moment, wie angehalten. Unser Anführer gestikulierte heftig und winkte mich hinzu, als ich sie sah, sprangen sie ab. Wir sprachen kurz darüber, dass bestimmte Wildarten gewisse Charakterzüge besaßen – dieses Verhalten eben, einen Augenblick lang so zu tun, als sei gar nichts, wie ein Kind sich die Hand vor Augen hält und sagt, ich bin gar nicht da, das kannte ich von den Rehen.

Als wir unsere letzte Kette gingen, sahen wir etwas Dunkles im Waldgras liegen, etwas Lebendiges. Wir gingen hin. Ein Damwildkalb, fast reglos, aber es atmete, es lebte. Ein ganz ungewöhnlich später Wurf, die Zeit war lange vorüber. Einen kurzen Moment blieben wir stehen, dann gingen wir zögerlich weiter. Eigentlich hätte man, sagte unser Anführer, und machte eine Geste des Halsabschneidens, eigentlich hätten wir das Kalb töten müssen. «Ich hab's nicht übers Herz gebracht.» Wir gingen und sprachen nicht mehr davon.

Dann war auch das dritte Treiben zu Ende, und es kehrte wieder Stille ein im Wald. Jene Stille, die immer da war, wenn nicht gerade Erntemaschinen oder Jäger umgingen. Die Stille, die ich liebte. Die Jagd gefiel mir auch, und die Holzernte war so nötig wie sie. Aber die Waldesstille, die nie ganz still ist, die voller Leben ist, ein höchst bewegliches, höchst symphonisches Gewebe, sie gefiel mir am besten. Kein Krachen von Schüssen mehr, kein schallendes Ho-hopp, kein lustiges, kein wütendes Gebell der Meute.

Die Jagd hatte einen Anfang gehabt, seine elektrische Spannung hatte sich mir schon mitgeteilt auf dem Schlosshof. Sie hatte ihren Lauf gehabt, ich war sein Teil gewesen. Sind Sie Jäger? Noch nicht, aber doch Treiber. Nun fand sie ihr Ende. Kein stumpfes oder zerstreutes Weggehen von etwas, das eigentlich egal ist – das Ende von etwas, das etwas ist.

Wieder sammelte sich die Jagdgesellschaft am Mittagsplatz, nun im milden Licht des sinkenden Tages, während in der Nähe das erlegte Wild aufgebrochen wurde. Solange das Wild lebte, war es ein ernster, ja respektierter Gegner, sei es ein gefährlicher wie der Keiler, der die Macht besaß, einen Hund oder einen Mann schwer zu verletzen oder gar zu töten, sei es ein geduldiger Gegner wie das Reh in seiner Deckung, in seiner oftmals überlegenen Schläue. War das Wild erlegt, änderte sich das. Nun kamen Jagdhelfer, Schlachter und der Kühlwagen, nun verwandelte es sich in Wildfleisch. Doch gar so schnell erlosch der Respekt nicht. Noch war die Strecke zu legen und die Jagd zu verblasen – das geschah der Wärme wegen nicht im großen Stil, nur ein kleiner Teil des erlegten Wildes wurde herbeigebracht und auf die Nadelbüsche geworfen.

Noch einmal erklangen die Jagdhörner, wieder sammelten sich die Jäger und auch wir Treiber wie im Frühlicht beim Portal. Nun umstanden alle die Strecke. Über hundert Stücke waren erlegt worden, um die siebzig Sauen, dazu Rehe und Damwild und auch zwei Waschbären und ein kranker Fuchs. Es wurden die Hüte gezogen, die Kappen auch, noch einmal Ernst und Innehalten, auch wer eine weite Strecke heimzufahren hatte durchs halbe Land, blieb, weil es sich so gehörte. Der Name eines jeden Jägers wurde verlesen und was er oder sie geschossen hatte. Es brauchte seine Zeit, und nichts wurde beschleunigt. Dann erst endete die große Jagd.

Ich hatte es nicht eilig, den Wald zu verlassen. Auch das Jagdessen, das für den Abend in der Residenzstadt angesetzt war, zog mich nicht fort, außerdem genierte ich mich, in meiner durchgeschwitzten Treibermontur, in staubigen Stiefeln bei Tisch zu erscheinen. Ich verließ den Tiergarten mit seinen jahrhundertealten Charakterbäumen und nahm den erstbesten Waldweg.

So unnatürlich warm es tagsüber gewesen war, nach Sonnenuntergang hatte ich Herbstluft in der Nase, kühl und waldfeucht entstieg sie dem Boden. Ich ging in mich gekehrt, nicht offenen Auges wie sonst, durch den Wald, der sich zu verfärben begann und den die Herbstnacht nun in ihre Heimlichkeit nahm. Waldwege und Abzweige, Wegkreuze und Zeichen, sie waren mir geläufig geworden. Verlaufen würde ich mich schon nicht, so überließ ich mich dem Wald und meinen Gedanken und ließ mich gehen.

DIE SCHÖNGESTAFFELTEN BLAUEN HÜGEL IM WESTEN

Als die Herbstkälte übernahm, war es Zeit zu gehen. Die Hütte zu räumen, war rasch getan; was hier von Nutzen sein mochte, aber nicht in der Stadt, ließ ich zurück, das Feldbett, die Handlampe, den Gaskocher, einen kleinen Vorrat Kartuschen. Das Fernglas hatte mir der Förster geliehen, angenehm schwer lag es in der Hand, wenn ich es sachte anhob auf dem Hochsitz, bestrebt, mich dem misstrauischen Rehbock dort unten nicht durch eine heftige Bewegung zu verraten – ich gab es dem Förster zurück und auch das bierdeckelgroße Schild «Forstbetrieb», mein Laissez-passer in den Wald.

Wehmütig pflückte ich es von der Frontscheibe, innen, links oben. Ich hatte die Blicke bemerkt, wenn ich in der Residenzstadt hielt. Dann stieg ein Mann aus einem schlammbespritzten Forstbetriebsauto, in staubigen Waldarbeiterstiefeln voller Schrammen und mit der hirschhorngeknöpften Walklodenjacke, immer verfing sich etwas darin, Brombeerdornen, Kiefernnadeln, sie roch nach Hund und Wald.

Zu sagen, ich sei leicht gegangen, wäre gelogen. Der Wald entließ den Gast und wurde allmählich wieder winterlicht und die Hütte wieder weithin sichtbar, wie ich sie vorgefunden hatte am ersten Tag. Ich war eine Runde mitgefahren im uralten Zyklus, es brauchte keine Grübelei, um zu verstehen, was beständig, was flüchtig war. Der Zyklus blieb, und ich stieg aus, wie ich als Junge ausgestiegen war, leicht schwindlig, nach einer Runde im Jahrmarktskarussell.

Wenigstens wollte ich alles so übergeben, wie ich es übernommen hatte, und mit Brennholz war ich reichlich versorgt gewesen, als ich im frostigen Vorfrühling gekommen war. Noch einmal zog ich die Axt vom Klotz und hackte los, bis ich Blasen an der Hand spürte, Hautfetzen an der rechten, die den Stiel führte, und das Hemd mir am Körper klebte. Aber eine Mauer aus Buchenscheiten war an der Scheunenwand emporgewachsen, mannshoch. Weniges kommt der köstlichen Erschöpfung gleich, nach dem Holzschlagen auf die Bank zu sinken, rücklings gegen die Hüttenwand, und das Vollbrachte zu mustern, klatschnass und tief zufrieden.

Nun war nichts mehr zu hacken, aus Verlegenheit zu tun. Diesen Moment hatte ich gefürchtet, er war da. Noch einmal unter der großen Buche stehen, wieder verlor sie ihr Laub, warf eine neue Schicht auf die alte vom letzten Jahr, wieder roch der Hof nach Moder, Erde, Herbst. Noch einmal zur Scheune, das Tor einrasten, das Vorhängeschloss, auch die Jagdhütte schloss ich zu, zögerte am Feuerplatz, so oft hatte ich hier dem verglühenden Tag zugesehen und dann der Nacht, wie sie sich über den Wald legte, die Hütte, den Gast, riss mich endlich los und zog das Tor zum Hof hinter mir zu, das mit dem Gablergehörn.

Das Residenzschloss lag in der Abendsonne, sie hob den bewohnten Trakt aus der einsetzenden Dämmerung, sein barockes Gelb glühte jetzt golden, eine Schatulle aus Stein. Ich erreichte das Städtchen, machte den kleinen Umweg zum Krankenhaus, in dem ich meinen ersten Schrei getan hatte, fand den Blumenladen offen, ging hinein und dann, die Rosen hinterm Rücken, am Empfang vorüber, keiner sollte es sehen, und steckte sie der heiligen Elisabeth in den angewinkelten Arm, heimlich wie jedes Mal, und weiter ging es – aus der Stadt hinaus und die Serpentine hinauf, rechts das Kruzifix in den Feldern, links der Burgberg.

Wenige Meter noch bis zum Wappenstein – die Grenze. Wollte ich sie passieren, wollte ich zum Haus? Ich konnte es fast sehen. Es stand nun zum Verkauf, vielleicht fand gerade eine Besichtigung statt. Das wollte ich nicht erleben, ich tat, was dem abends heimkehrenden Jungen nicht eingefallen wäre, statt heimzugehen, bog ich ab, den Burgberg hinauf. An der Ruine der alten Raubritterburg hatte sich ein Wirt niedergelassen, ich suchte mir einen Platz draußen mit Blick weit ins Land und sah der Sonne zu, wie sie in die schöngestaffelten blauen Hügel im Westen sank, wie der rote Ball auf der dunklen Linie aufkam, wie es ihn quetschte und er beinah geplatzt wäre, bevor er in die Wälder fiel, aus denen ich kam.

Weitere Titel

Asiatische Absencen

Berlin – Moskau

Deutschland, eine Reise

Drei Stunden Null

Ein Frühling in Jerusalem

Hartland

Heimkehr